Der Wow-Effekt

AF192336

Frank Wilmes

Der WOW-Effekt

Miesmacher, Blender und Neider
hassen dieses Buch.

Bibliografische Informationen der Deutschen Nationalbibliothek:
Die Deutsche Nationalbibliothek verzeichnet diese Publikation
in der Deutschen Nationalbibliothek; detaillierte bibliografische
Daten sind im Internet über dnb.dnb.de abrufbar.

Verlag: BoD · Books on Demand GmbH,
In de Tarpen 42, 22848 Norderstedt, bod@bod.de
Druck: Libri Plureos GmbH, Friedensallee 273, 22763 Hamburg

ISBN 978-3-7693-0355-1

Inhalt

Los geht's.

Mal ehrlich. Wir leben mit unseren Gewohnheiten, und wir leben mit den Gewohnheiten anderer Menschen. Wir kommen einfach nicht aus dem Trott des Lebens heraus. Es gibt zu viel Schema F und 08/15. Aber das sind die Kennziffern, die uns nicht weiterbringen. Trau-Dich-Typen geht es exakt darum, wie sie abseits von eingeübtem Denken und Lebensgewohnheiten einfach ihr Ding machen.

Aus einer anderen Perspektive: Wie ist das eigentlich mit dem Hin und Her, mit dem Dies und Das, mit dem sowohl als auch? Das nervt uns doch alle – diese Unklarheit und Zerrissenheit. Man muss sich auf irgendetwas verlassen können. Sonst nimmt die Ungewissheit kein Ende und wir werden von Gewohnheiten, Zufällen und Stimmungen umzingelt.

Deshalb brauchen wir einige erprobte Regeln, die Sinn, Werte und Orientierung vermitteln. Die Regel ist für mich aber keine Ampel, die unser Leben komplett regelt.

Steht sie auf Rot: Alles ist verboten.
Steht sie auf Gelb: Sei gefasst, was kommt.
Steht sie auf Grün: Du darfst.

Es geht nicht darum, das Leben mit Regeln unterzuordnen, sondern einzuordnen. Es wäre also dumm, irgendwelche Regeln blind zu übernehmen. Es wäre klug, an Gedanken charismatischer Menschen aus der Jetzt-Zeit und aus vielen Jahrhunderten anzuknüpfen und sie weiterzuentwickeln.

Du allein entscheidest, wohin dein Weg führt. Lass dich nicht beirren. Sei offen.

Es beginnt mit dem ersten Schritt.
Der erste Schritt, was für ein Gefühl!

ERSTES KAPITEL

Mach doch, was du willst und schau mal, wie Trau-Dich-Typen das machen.

1. Das wunderbare Dilemma des Menschseins

Der edelste Ruhm eines Menschen besteht darin, dass er für einen möglichen Erfolg ein mögliches Scheitern in Kauf nimmt. Darin liegt auch seine Freiheit als Mensch. Er entscheidet. Er übernimmt die Verantwortung.

Trau-Dich-Impuls

»Wer will, findet Wege. Wer nicht will, findet Gründe.«

Götz W. Werner
Gründer der dm-Drogeriemarkt-Kette

Der Spruch ist genial, weil er sich haargenau auf unser Leben anwenden lässt. Entweder Ausflüchte finden oder machen. Als junger Mann schlug Götz W. Werner seinem Arbeitgeber neue Verkaufsideen vor, die er prompt abgelehnt hatte. Danke für diesen Rückschlag. Denn er sagte sich: Ihr könnt mich mal und machte sich auf seinen Weg.

Hast du schon einmal darüber nachgedacht, wie sich dein Menschsein anfühlt? Ich gebe zu, dass das eine merkwürdige Frage ist. Wir sind ja jeden Tag Mensch, da ist es uns gar nicht mehr bewusst, was das eigentlich bedeutet.

Tiere leben in ihren Tag hinein und folgen ihren Instinkten. Sie kennen weder Sinn noch Hoffnung, und sie können auch nicht darüber nachdenken, ob es nach ihrem Tod ein Weiterleben gibt.

Der Mensch ist dagegen ein Wesen, das mit Klugheit und Emotionen ausgestattet ist. Er muss sein Zweifeln und Hadern ertragen. Je tiefer sich der Mensch in die Untiefen von Sinn und Sehnsucht hineinfragt, desto mehr versackt er im Schlamm der Fragezeichen. Verbindliche Antworten gibt es höchstens im esoterischen Imperativ. Geh über Wasser, du schaffst es!

Die Wahrheit ist: Das Leben behält die großen Geheimnisse für sich. Wir staunen darüber, aber wir ahnen nicht so recht, was daraus werden soll. Es gibt mehr Fragen als Antworten.

Wir fahren mit unseren Gedanken in eine Sackgasse hinein und kommen da häufig nicht mehr heraus. Es staut sich. Der Stau macht uns wütend, er blockiert uns.

Wie wäre es dagegen, ein Tier zu sein, frei von aller Last des Menschseins? Ich möchte dann natürlich viel lieber ein Bär in der nordamerikanischen Wildnis sein, als im Zoo leben zu müssen.

Vielen Menschen ergeht es, wie dem Bären, der im Zoo geboren wurde. Sie sehen keine Chance, ihrem Schicksal zu entgehen. Fremdbestimmt. Eingesperrt. Seelengefängnis.

Aber der Mensch hat es in der Hand, etwas so oder so zu machen, um zufriedener zu werden. Wenn aber ein Mensch diese Freiheit ablehnt, widerspricht er sich damit selbst. Denn was nutzen menschliche Eigenschaften wie Romantik und Sinnlichkeit, Talent und Kreativität, Initiative und Agilität, wenn sie brachliegen?

Das ist freilich ein wunderes Dilemma. Es ist nie zu spät, sein Menschsein voll auszuspielen.

Wann?

Jetzt!

Moment, ich muss noch überlegen.

Was überlegst du denn?

Das weiß ich nicht so genau.

Dann sage es ungenau.

Du nervst.

Genau das will ich.

Triff dich mal mit deinem Leben. Ich bin gespannt, was ihr euch zu sagen habt. Vielleicht schweigt ihr euch auch an? Oder wollt ihr euch beschimpfen? Keine gute Idee. Wichtig: geht ehrlich miteinander um. Kein Leugnen. Kein Relativieren! Kein Ausweichen! Das macht dich stark.

2. Fragen ohne Antworten

Wer fragt, der führt. Wer fragt, der will es wissen. Charismatische Menschen stellen Fragen, statt immer nur Antworten zu geben. Sie sind geradezu daran interessiert, an das Wissen ihrer Mitmenschen heranzukommen.

Gerade erfolgreiche Menschen neigen mit der Zeit dazu, fortwährend Antworten zu geben, weil sie sich nicht vorstellen können, selbst einmal unwissend zu sein. Deshalb werden sie mit dem Alter auch immer langweiliger. Sie inspirieren nicht mehr, weil sie nicht mehr neugierig sind. Das macht einsam. Einsamkeit ist keine Methode, sich selbst mit neuen Erkenntnissen zu überraschen.

Trau-Dich-Impuls

»Ich frage mich fast jeden Tag:
Tue ich gerade das Wichtigste,
was ich tun kann?«

Mark Zuckerberg
Gründer von Facebook

Mit 19 Jahren hatte Mark Zuckerberg schon keine Lust mehr auf sein Studium der Psychologie und Informatik an der elitären Harvard University. Ihm faszinierte vielmehr, was man alles mit dem Internet anstellen kann. Er kam auf die Idee, Menschen zusammenzubringen.Er entwickelte eine Plattform, über die sich Studenten seiner Universität austauschen konnten. Außerdem stellte er Fotos von Studentinnen ohne deren Erlaubnis ins Internet und forderte Besucher auf, das Aussehen zu bewerten. Nach wenigen

Tagen musste er diese Idee nach heftigen Protesten zum Glück wieder aufgeben. Er tüftelte weiter, ließ sich nicht beirren und kam auf Facebook mit heute mehr als 2 Milliarden Nutzern. Der Erfolg, egal, wie man ihn definiert, braucht seine Zeit. Und Zeit bedeutet Geduld.

Ich habe als Journalist immer wieder den Spruch gehört, dass es keine dummen Fragen gibt, sondern nur dumme Antworten. Na ja, das kann man natürlich auch anders sehen. Aber es gibt ganz gewiss verblüffende Fragen, die uns heftig herausfordern.

Weißt du, wer du bist?

Wie bist du so geworden?

Magst du dich?

Was hat dich wesentlich geprägt?

Woraus beziehst du Kraft?

Bist du weise?

Worin lebst du dich aus?

Bist du großartig?

Wer willst du eigentlich sein?

Wovon bist du überzeugt?

Wen liebst du?

Worauf bist du stolz?

Wie siehst du dich?

Wie sehen dich die Menschen?

Bist du neidisch?

Was gönnst du anderen Menschen?

Was treibt dich vorwärts?

Wovor hast du Angst?

Bist du souverän?

Was bist du dir wert?

Welche Potenziale schlummern in dir?

Ab welchem Geldbetrag wärest du bereit, dich zu verraten?

Was ist der größte Gedanke, den du denken kannst?

Was würdest du ändern, wenn du noch einmal von vorn anfangen könntest?

Magst du deinen Namen?

Wie würdest du gerne heißen?

Mit wem würdest du gerne für einen Tag tauschen?

Wann hast du zum letzten Mal deine Meinung gesagt?

Die Lieblingsfragen von fünf Top-Managern gegenüber Bewerbern:

»Was ist ihre Lieblingsstraße in Monopoly und warum?«
Ken Moelis, Gründer der gleichnamigen US-Investmentbank.

»Nennen Sie mir etwas, das Sie für wahr halten, obwohl diese Meinung kaum jemand mit Ihnen teilt!«
Peter Thiel, Investor und Paypal-Gründer

»Könnte ich im Flieger von New York nach L.A. neben Ihnen sitzen, ohne dass Sie mich zu Tode langweilen?«
Barbara Byrne, stellvertretende Vorsitzende der Investmentsparte bei Barclays.

»Welchen Wein nehmen Sie?«
Charles Phillips, Vorstandsvorsitzender der Software-Firma Infor.

»Was konnten Sie in Ihrem Lebenslauf nicht mehr unterbringen?«
Richard Branson, Unternehmensgründer und Abenteurer

3. Die Anpassung passt nicht

Modernität: Laune des Zeitgeistes
Tradition: nervige Diktatorin
Normalität: Leben in der Klarsichthülle
Wollen: Treiber deiner Existenz

Mit Trippelschritten erreichen wir keine grundlegenden Veränderungen. Wer nicht springt, der kommt nicht weit. Die Revolution geht nur mit Typen, die das Feuer des Aufbruchs in sich verspüren, um sich aus der Tragödie der Langeweile und Sinnlosigkeit zu befreien. Sie werfen einen Farbklecks in die graue Masse. Wer nur auf das Machbare schaut und keine Träume hat, behindert seinen Aufbruch. Denn wohin möchten wir aufbrechen, wenn der Pragmatismus alle Träume zerstört? Es ist der Traum, der uns ahnen lässt, was alles möglich ist.

Trau-Dich-Impuls

»Was immer du machst, mache es anders.
Meine Mutter hat mir diesen Ratschlag gegeben.«

Anita Roddick
Gründerin von »The Body Shop«

Nach ihrem Lehrer-Studium ging sie nicht in den Schuldienst, sondern unternahm als Hippie ausgedehnte Reisen nach Tahiti, Australien, Madagaskar, Polynesien, Mauritius, Südafrika und sie lebte in einem Kibbuz. Die Globetrotterin wollte raus aus dem Trott, betrieb ein Hotel und ein Restaurant und kam dann auf die Idee, in einem Geschäft nur Kosmetik zu verkaufen, die ohne Tierversuche hergestellt und umweltverträglich verpackt werden.

Modernität: Laune des Zeitgeistes

Wenn ich dich frage, ob du modern bist, wirst du wahrscheinlich spontan mit »ja« antworten, denn wer will schon als unmodern oder altmodisch gelten.

Modern zu sein bedeutet, auf der Höhe der Zeit zu sein, es bedeutet Offenheit, Verständnis und freies Denken – alles wunderbare Attribute, die uns gut zu Gesicht stehen. Außerdem hat das Modernsein so etwas Schickes und Internationales.

Aber was ist das eigentlich, die Modernität?

Bin ich modern, wenn ich Porsche fahre und die linke TAZ lese?
Bin ich modern, wenn ich die besten Heilpraktiker meiner Stadt und die coolsten Yogalehrer kenne?
Bin ich modern, wenn ich mein Landhaus verkaufe und in eine schicke Penthouse-Wohnung ziehe?

An der Modernität kleben Bilder, die unsere Wahrnehmungen und Sichtweisen spiegeln:

Das Bild von aufgeschlossenen und neugierigen Menschen: Ich bin super tolerant und freue mich schon auf meinen Wandertrip durch Nigeria.

Das Bild von Menschen, die sich vom Massengeschmack abgrenzen. Ich trage ja so gerne das schwarze Chanel-Kleid meiner Großmutter, kombiniert mit dem kunterbunten Hippieschal meiner Mutter.

Das Bild von Menschen, die auch mal etwas wagen. Mein Job ist pure Langeweile, jetzt muss etwas passieren, ich eröffne nebenbei einen Kiosk in meinem supercoolen Viertel.

Alles nur Bilder, klar. Kopfkino.

Ein Ritt zwischen Wunsch und Wirklichkeit. Der Betrachter mag entscheiden, was er in den Bildern (Klischees?) sieht oder sehen möchte. Für den modernen Menschen ist die Sache jedenfalls absolut klar: Sein Bild zeigt ihn als Triumphator über die läppischen, altbackenen und hinterwäldlerischen Dinge des Lebens. Und das ist nur noch nervig. Ständig belehren uns die modernen Menschen, wie, was sein muss und was gerade mal wieder »in« ist.

»Was, du hast das Buch noch nicht gelesen!«

»Nein, das steht dir gar nicht!«

»Mein Gott, Dubai ist mega-out, du musst unbedingt nach Ibiza, da geht die Post ab, wie früher!«

Der moderne Mensch offenbart sich in seinem Anderssein ständig wie das Chamäleon, das seine Farben wechselt, um sich mitzuteilen und aufzufallen. Im Sauseschritt blitzt er durch seine Zeit, er saugt sich mit allem Neuen voll, um ja nichts zu verpassen. Er weiß genau, wo sein Platz ist:
Ich da oben, du da unten. Da oben ist der Vorwärtsgang des Lebens, da unten der Rückwärtsgang des Lebens.

Da unten also: Der unmoderne Mensch erscheint auf einer niedrigeren Entwicklungsstufe stecken geblieben zu sein. Hey, »en vogue« kann man nicht essen, »en vogue« ist der ultimative Zustand des Super-In-Seins, mehr geht nicht mehr. Kapiert?

Nein, ich kapiere es nicht. Und jetzt wird es ein bisschen kompliziert: Der moderne Mensch glaubt, er ist »in« – und das ist ein großer Irrtum. Er ist »out«.

Der große Denkfehler besteht darin, dass wir Modernität mit Avantgarde verwechseln. Wenn die Menschen einem Stil oder einer gegenwärtigen Denkrichtung folgen, uniformieren sie sich damit. Eine Uniform drückt aber keine Individualität aus.

Wenn also die Oberschichtdamen in einer Stadt schwerpunktmäßig mit Dior, Gucci oder Channel kleiden, mag das schick aussehen, aber das macht sie nicht moderner. Bedenke:

»In« bist du, wenn du anders bist.
»In« bist du, wenn du neue Dimensionen eröffnest. Nur der avantgardistische Mensch ist »in«, weil er mit seinem Denken und Handeln Neuland betritt oder einfach nur sein Ding macht und sich vom Rhythmus der Moden, Launen und Stimmungen scharf abgrenzt.

Der moderne Mensch lebt dagegen in und mit seiner Zeit. Der fortschrittliche Mensch geht über diese Zeit hinaus.

Es verhält sich wie mit Kunst und Mode. Der große *avant-gardistische* Künstler schafft mit seinem Wirken ein zeitloses Werk. Der *moderne* Modedesigner dient der Gegenwart, denkt immer nur von Saison zu Saison.

Genau betrachtet, kopiert die Modernität den Zeitgeist und päppelt ihn mit ein paar hübschen Extravaganzen auf:

– Der Zeitgeist ist eine sozio-kulturelle Durchschnittsgröße. Sie zeigt den Menschen das aktuelle Denken, Fühlen und Machen in der Gesellschaft.

– Der Zeitgeist ist weder exklusiv noch elitär. Er ist ganz banal eine Massenveranstaltung der Gegenwartskultur. Er schafft kaum Differenzierung, bedient stattdessen sehr viele Menschen gleichzeitig.

– Der Zeitgeist stigmatisiert die Menschen zu einem bestimmten Modern sein. Einen Trend zu übernehmen, schafft allerdings nur einen Zeitvorsprung für das Modernsein. Der Trend ist eine Animation, mehr nicht. Schaut her, das ist neu, kommt mit, macht mit, seid dabei.

– Der Zeitgeist ist ein launischer Geselle, der dich ständig verführt. Ehe du angekommen bist, ist die Verführung schon weiter. Du musst dich beeilen, um mitzukommen, aber die Verführung ist schon wieder weiter. Das hört nie auf. Schrecklich.

> Darf ich mich vorstellen, ich bin die Modernität.
>
> Ich bin arrogant und das gefällt mir. Ich bin dort, wo du gerne sein würdest. Ich bin schneller als du. Ich bin das Original, du immer nur eine Kopie. Du musst verstehen, dass ich auserwählt bin, dir eine Welt zu zeigen, die dich aus dem Einerlei herausholt. Ich zeige dir, wie deine Welt aussehen könnte. Meine Aufgabe ist es, dir Wünsche zu hinterlassen, damit du aufbrichst, um dich in neuen Gewändern zu erleben. Wenn du das erlebst, bin ich bereits woanders. Entscheide nun, ob du mir folgen möchtest, um deinen Alltag lebendig auszuleuchten oder lieber einer Kerze beim Abbrennen zuschaust.

Tradition: nervige Diktatorin

Wenn ich dich frage, was du von Tradition hältst, wirst du dich wahrscheinlich lobend äußern. Gegen Tradition zu sein, hat etwas Hässliches, als würden wir das Gute und Edle unserer Vorgängergenerationen beiseiteschieben, Oma und Opa verraten und noch schlimmer: keinen Respekt vor der Geschichte haben.

Ja, es stimmt. Tradition hat ein verdammt gutes Image. Es ist tatsächlich wunderbar, die Vergangenheit mit der Gegenwart zu verbinden, mit all ihren Sitten, Bräuchen und Kulturen. Das gibt uns das gute Gefühl, einen Sinn für Werte zu haben, die uns Orientierung geben. Außerdem verhindert die Tradition, dass sich der Einzelne zu wichtig nimmt. Denn gegen das große Ganze von gestern wirkt der Mensch wie ein Menschlein, als stünde es neben einem Wolkenkratzer. Je höher es schaut, desto weniger sieht es – und staunt über das Machwerk.

Aber nach dem Staunen kommt das Ahnen. Was denke und fühle ich da eigentlich? Wohin zieht mich dieses Denken und Fühlen? Will ich das?

Mal ehrlich: Die Tradition hat ein massives Problem.

Sie zeigt nicht, wie sich etwas verändert.
Sie zementiert eine Veränderung.
Sie offenbart die Idee aus einer Vergangenheit, aber nicht die eigene Erfahrung.
Wir können aus der Geschichte lernen, aber nicht von einer Tradition. Während die Geschichte eine abgeschlossene Zeit beschreibt, wirkt die Tradition weiter. Sie funktioniert wie eine Filtertüte. Mit dem ersten Kaffee, der durch diese Filtertüte tröpfelt, erhalten wir den Kaffee mit seinem vollständigen Aroma. Mit jedem weiteren Kaffee, der durch diese Filtertüte läuft, verdünnt sich der Geschmack. Schmeckt dieser Kaffee eigentlich noch?
Wir tun so, als würde er schmecken. Wir wollen einen Geschmack bewahren, wie er sich mit dem ersten Aufguss des Kaffees offenbart hat, aber wir kennen diesen ursprünglichen Geschmack überhaupt nicht (mehr).
Das Wörtchen »bewahren« vermittelt einen seltsamen Glanz aus Ehrfurcht und Entzückung, als würden wir vorsichtig eine Schatztruhe öffnen, um etwas Geheimnisvolles entdecken.
Und was sehen wir in dieser Truhe? Viele Worte, mit glänzenden Überhöhungen, als dringe jetzt das Gute hervor. Deshalb sagen Unternehmer so gerne, dass sie sich der Tradition verpflichtet fühlen, um den Kunden damit das gute Gefühl einer vererbten Fürsorge zu geben. Es hört

sich halt gut an, wenn eine Firma von den guten alten Werten spricht, was auch immer das bedeuten mag.

Dazu gehört auch die Marotte, dass Geschäfte mit einem Firmen-Jubiläum werben. Uns gibt es schon 25, 50 oder 75 Jahre. Na und! Eine Jahreszahl ist nur eine Zahl, sie sagt nichts über Qualität und Kundennähe aus. Ein Möbelhaus hat mit einer »110-jährigen Möbeltradition« geworben und aus diesem Anlass viele Superangebote gemacht. Die Kunden sollten vertrauensbildend glauben, als handelt es sich hier um ein Familienunternehmen, das seine Kompetenz von Generation an Generation weitergibt. Weil das aber nicht stimmte, hat das Oberlandesgericht Oldenburg diese Werbung verboten.

Ach, die Tradition! Sie hat ein übersteigertes Selbstbewusstsein. Ihr ist nichts peinlich. Sie lebt von legendenhaften Überlieferungen, Übertreibungen und einem diffusen Überschwang. Sie beschönigt, verdrängt, konstruiert Irrtümer und Einbildungen. Sie lügt: »Früher war alles besser«! Die Tradition – ein Fall für den Psychiater.

Seien wir ehrlich: Die Tradition ist ein Psychomonster. Es schleicht sich in unser Leben ein, und wir bemerken zunächst gar nicht, wie es unser Denken und Handeln einnimmt. Es verleitet uns zu einem Automatismus, Dinge zu tun, die wir *eigentlich* oder *vielleicht* gar nicht so machen wollen.

Die alte Freundin der Tradition ist das Beharrungsvermögen, eine bräsige Bequemlichkeit, sich mit Dingen abzufinden, weil es immer so war.

Wenn dann doch der Moment kommt, der Tradition nicht mehr folgen zu wollen, ergeben sich mitunter große Probleme. Sie zeigen sich besonders heftig bei Kleinigkeiten: wenn wir zum Beispiel entgegen einer jahrelangen Übung nicht mehr am zweiten Weihnachtstag zur Schwiegermutter fahren möchten. Sie pocht natürlich auf den Besuch, weil sie es nicht anders kennt. Und wir können nachvollziehen, dass sie verletzt ist, wenn wir die Absage nicht gut begründen können.

Aber was passiert, wenn sie trotz guter Begründung eingeschnappt ist?

Klarer Fall: Wir haben gegen die Spielregeln der Tradition verstoßen!

Die Tradition besteht aus Spielregeln, nach denen wir handeln, weil wir immer so gehandelt haben. Sie erfüllt sich also selbst durch etwas, das nicht anders sein darf, weil es immer so war. Damit kann mal natürlich jede neue Idee totschlagen.

Die Macht der Tradition über uns ist verblüffend. Weil die Tradition die Wirklichkeit nicht aushebeln kann, entwickelt sie eine hinterhältige Herrschaft über die Gefühle der Menschen, als hätten wir ein Hämmerchen im Kopf. Es schlägt zu, wenn wir einer familiären, beruflichen oder gesellschaftlichen Erwartung nicht mehr folgen wollen.

Dann erleben wir ganz schnell die heuchlerische, anmaßende und bedrängende Art der Tradition.

Sie beharrt auf etwas.

Sie treibt dich in die Enge.

Sie appelliert: »Das haben wir doch immer so gemacht!«

Sie weist dich in eine Richtung: »Was sich bewährt hat, wollen wir nicht ändern!«

Sie moralisiert: »Warum brichst du immer aus der Gemeinschaft aus?«

Die Tradition befiehlt dir: »Folge mir.«

Sie unterwirft dich: »Sei gehorsam.«

Tradition ist autoritär, weil nur so das Kollektiv zusammenhält.

Tradition ist ein Machtinstrument von Menschen, die andere Menschen daran hindern wollen, neue Wege zu gehen.

Tradition bedeutet Fremdbestimmung, statt Selbstbestimmung. Wer sich selbst bestimmt, entwickelt für sein Leben eigene Regeln. Regeln für neue Erfahrungen und Lebensumstände. Das darf nicht sein.

Doch jeder Mensch muss das Leben führen dürfen, das er führen möchte – aus eigener Verantwortung und eigener Kraft, ohne fremde Beschwörer, die andere Menschen zu ihrem – vermeintlichen – Glück zwingen wollen.

Das Hämmerchen im Kopf darf nicht mehr schlagen, nur weil wir unser Leben zeitlich und inhaltlich anders gestalten möchten.

Wenn sich Gleichgesinnte freiwillig treffen, um eine Ordnung zu ritualisieren, kann die Tradition natürlich wie ein verbindendes Band für ein gemeinsames Anliegen wirken, zum Beispiel auf Schützenfesten oder in Heimatvereinen. Das ist völlig klar.

Diese Gemeinschaften sind wie soziale Katalysatoren: Menschen finden sich zusammen, die sich aufgrund persönlicher oder gesellschaftlicher Gründe sonst nicht gefunden hätten.

Das wohl markanteste Beispiel für eine positive Tradition liefern uns die Benediktiner. Sie leben nach den Regeln ihres Ordensgründers Benedikt. Der gute Mann hat sie vor 1400 Jahren niedergeschrieben.

Fragt man die Menschen nach diesen Mönchen, fallen häufig Worte wie:

- Weltfremd
- Hinter hohen Mauern
- Wie kann man nur so leben.

Tatsächlich sind die Mönche mit der schwarzen Kutte nicht aus der Zeit gefallen, sie hören und sehen sehr genau, wie sich die Zeit verändert. Sie schreiben über das Werk ihres Gründers:

»In einer 1400-jährigen Geschichte hat die Regel des hl. Benedikt klösterliches Leben gewährleistet und Menschen inspiriert, ein geistliches Leben zu führen. Doch darf nicht übersehen werden, dass sie vieles enthält, was einem inzwischen überholten Zeitgeist, einem anderen Zivilisationsstand, einer vergangenen Kultur entstammt.«

Das ist eine klare Absage an striktes Handeln, wie es immer war. Es gibt keinen vernünftigen Grund, eine Tradition zwangsweise zu pflegen. Denn die Benediktiner erklären, dass sich die Mönchsregel »an den Erfordernissen einer sich fortentwickelnden Zeit messen lassen muss«. Deshalb überdenken die Mönche den Sinn einer Regel immer wieder. Das Mönchtum müsse sich, »um glaubwürdig und lebensfähig zu bleiben, den jeweiligen Zeitfragen stellen und sich mit ihnen auseinanderzusetzen«.

Die Benediktiner sind die älteste Ordensgemeinschaft des Abendlandes. Sie kennen sich aus mit Tradition, und sie wissen, wie keine andere Organisation damit vernünftig umzugehen. Es ist erstaunlich, wie kraftvoll aktuell die Regel selbst nach 1400 Jahren noch ist.
Darin liegt eine Freiheit, über die wir nachdenken sollten. Eine Freiheit, die sich eben nicht an Verpflichtungen einer Tradition bindet, sondern sich von ihr löst, wenn es sinnvoll ist. Es ist nur dieser Sinn, der unser Handeln bestimmen muss. Sonst gar nichts.

Brief an die Tradition.

Liebe Tradition,

ich achte die Geschichte, weil sich Geschichte im Guten wie im Bösen wiederholt. Sie sagt mir, warum etwas so oder so geschehen ist, sie füllt mein Leben, weil es vor mir viele andere Leben gegeben hat. Das ist die größte Lehre für mein Leben. Die Geschichte ist reich und großartig.

Doch Du, liebe Tradition, schlüpfst ungeniert in das Gewand der Geschichte, um dich damit wichtig zu machen. Du pflegst große Worte und bist doch so klein. Du bist kein Inhalt, sondern nur ein Schein.

Gerne nehme ich mir diesen Schein für ein gutes Gefühl, mehr aber nicht. Der Schein darf mich nicht bestimmen. Mein Leben bin ich mit meiner Geschichte, aber ich bin nichts durch die Tradition.

Die Erfahrung, der große Schatz älterer Mensch, ist nicht erworben durch die Tradition, sondern durch das praktische Leben und dem Hinhören, was Andere zu sagen haben. Ich schätze ältere Menschen für ihre Geschichten und Erfahrungen.

Ich schätze ihre Falten, aber Du, liebe Tradition, hast selbst im hohen Alter keine Falten. Wie ist das möglich?

Normalität: Leben in der Klarsichthülle

Wenn ich dich frage: »Bist du normal?« Dann wirst du wohl entrüstet entgegnen: »Was sonst?« Natürlich bin ich normal.«

Wer normal ist, lebt mit und in einer Normalität. Richtig?

Normalität schafft Sicherheit, Ordnung und Rhythmus, ein Leben wie am Fließband, präzise, ohne Überraschungen.

Dieses Leben stanzt und normt den Tag und jeder Gleichklang bekommt den Stempel: gut gemacht, alles in Ordnung. Das ist Normalität.

Wenn der Abend kommt, liegt der Tag in der Klarsichtfolie. Aufgeräumt, geordnet, sichtbar wie der Vorgarten mit seinen geschnittenen Röslein und das kugelrund frisierte Buchsbaum-Pärchen.

Dieses gezüchtete Ambiente der Natur mit seiner gleichförmigen Artigkeit ist der Stolz aller Nachbarn, die jeden Samstagvormittag mit pingeliger Detailarbeit daran schneiden, hacken und zupfen. So sieht es fein aus, zuerst Frühlings-munter, dann winterfest. Von Saison zu Saison, von Jahr für Jahr.

Mittendrin in der Nachbarschaft befindet sich aber ein Beet, das wie ein verlaustes und ungekämmtes Ungeheuer aussieht. Sein Inhaber sagt: »Ich liebe es, wenn die Natur macht, was sie will. Ich mag es nicht, wenn die Pflanzen wie ein Pudel beschnitten werden.«

Seine Nachbarn halten komplett dagegen: »Wie sieht das denn aus, wenn einer seinen Garten verkommen lässt. Hier kann doch nicht jeder das machen, was er will. Wir sind doch schließlich eine Gemeinschaft. Wir wollen doch alle, dass es hier schön aussieht.«

So viel ist jedenfalls klar: Hier geht es nicht um Recht oder Unrecht, es gibt um die Deutungshoheit, was normal ist. Wenn alle das Gleiche wollen, einer aber nicht, dann verhält er sich gegen die Norm. Er ist also unnormal.

Dabei sagte schon Friedrich der Große, dass jeder nach seiner Fasson selig werden soll. Das kann ein König leicht sagen, aber wie erklärt man das seinen Nachbarn?

Die Seligkeit für eine Fasson endet schnell dort, wo das genormte Seelenheil sich gegen jeden Auswuchs des Andersseins wehrt. Genau das erleben wir jeden Tag, da ist das Gartenbeispiel nur eine lächerliche Episode.

Normalität fördert im guten Sinne eine Gemeinschaft der Gleichgesinnten, und grenzt im schlechten Sinne die Eigensinnigen aus.

Der Eigensinn ist Unkraut für das genormte Denken, Fühlen und Handeln der anderen.

Die Normalität ist nichts anderes als eine Erwartung an uns. Sie bildet sich heraus, wird zum beherrschenden Merkmal und entwickelt sich zu einem Diktat: störe unsere Normalität nicht!

Die Normalität ist ein Muster mit klaren Zuordnungen. Jeder kennt sie. Es sind Gepflogenheiten, Gewohnheiten, Traditionen, Regeln, Sitten, Bräuche.

Dafür brauchen wir keine Worte, die Normalität funktioniert wie ein Verhaltenskodex. Das gewünschte Verhalten regelt automatisch eine Selbstverpflichtung und Selbstkontrolle. Es ist so, wie es ist, und deshalb bleibt es so.

In einer Normalität darf man all das machen, was normalerweise auch die anderen Menschen machen. Abweichungen sind nicht vorgesehen.

Der normale Mensch ist so normal wie der Durchschnitt einer Gruppe oder eines Landes. Es gibt Menschen, die genau in diesem Durchschnitt hineinpassen wollen, um

- nicht aufzufallen
- Erwartungen zu entsprechen
- sich nicht zu verirren.

Sie empfinden den strukturierten Lebenslauf mit klaren Grenzen in einem überschaubaren Rahmen als Befreiung von Situationen, die sie nicht überschauen können oder Angst machen.

Wenn Menschen nicht mehr klarkommen, sagen sie häufig: »Ich sehne mich nach Normalität.«

Wenn ein Mensch im Gefängnis sagt, er wünsche sich wieder ein normales Leben, ist das absolut verständlich.

Aus Sicht der freien Menschen ist diese Freiheit tatsächlich das Normalste der Welt.

Es gibt aber auch Menschen, für die ist Normalität kein Sehnsuchtsort, sondern eine Anstalt zur Bekämpfung des eigenen Willens. Diese Musterbehörde katalogisiert den Durchschnitt. Wer es nicht schafft, daraus auszubrechen, wird krank.

Diese Krankheit schröpft den Aufbruch, die Kreativität und Einzigartigkeit eines Menschen.

Diese Krankheit zwingt ein Übermaß in ein Maß, es drückt das Über in das Gleiche. Gleichheit als Formel der Normalität.

Wer einen Sinn hat, ihn aber nicht ausdrücken oder ausleben darf, wird immer diese schmerzhafte Lücke in seinem Leben spüren.

Das Hindernis ist schnell ausgemacht: Menschen brechen aus ihrer Normalität nicht aus, weil Familie, Beruf oder Freundeskreis es nicht zulassen, und der Wille, sich durchzusetzen, noch zu schwach ist.

Das ist nachvollziehbar: Wer in einer angepassten Familie groß geworden ist oder sich selbst so sozialisiert hat, merkt erst später: »Ich bin doch ganz anders.«

Hoffentlich ist es nicht zu spät, hoffentlich reichen Wille und Kraft, um aus der Normalität auszubrechen und die Widerstände auszuhalten. Es ist ein Kampf: Wenn ein

Mensch nicht mehr den durchtrainierten Erwartungen der Normalität entspricht, beginnt das Stirnrunzeln der anderen: »Was ist denn nur los mit dir. Du bist so komisch geworden?«

»Komisch« leider nicht im Sinne von lustig und witzig. Denn Komik versteht hier keiner. Wer nicht mehr mitmacht, bricht mit der Norm. Er ist dann unnormal. Normal sind nur die diejenigen, die ihr Leben so wie immer weitermachen, wie es die »Anderen« gewohnt sind.

So ernst kann Normalität sein. Und wenn wir diesen Ernst einmal radikal zu Ende denken, stellen wir fest, dass er uns zurückwirft. Ein normaler Mensch ist nicht in der Lage, anders zu fragen, Dinge anders zu sehen, Ziele anders anzusteuern. Er versackt in der Normalität.

Dagegen ist der unnormale Mensch ein Spinner. Wie häufig sagen wir zu einem anderen Menschen: »Du spinnst ja!«

Tatsächlich ist dieser Spinner mit seinen Gedanken weiter, als er in der Vorstellungskraft der Normalen sein darf.

Kann nicht sein!
Darf nicht sein!
Alles Quatsch!
Du Querulant!

Aus der Sicht der Normalen ist der Fall völlig klar: Wer nicht für uns ist, ist gegen uns. Diese Logik pflegt eine Normalität, die Ordnung über eine Idee stellt.

Die Normalität verwaltet eine Idee, eine Idee muss aber leben, damit sie sich weiterentwickeln kann.

Die Kampflinien zwischen den Normalen und Unnormalen verlaufen immer zwischen braver Ordnung und kreativem Chaos, zwischen einer So-muss-es-sein-Logik und einer produktiven Spinnerei.

Unsere Gesellschaft ist ein Wirrwarr an Eindrücken, Wünschen und Zielen. In diesem Kosmos wirken

– Bildung und Toleranz
– Fantasie und Kreativität
– Offenheit und Vitalität.

In diesem Hin und Herr sollten wir Emotionen, Erfahrungen und Wünsche stärker betonen. Der Abschied von der erzwungenen Normalität bedeutet natürlich mehr Eigenverantwortung. Die Menschen haben mehr Zeit, sie sind besser informiert, aufmerksamer und individueller. Sie wollen raus aus dem Trott und spüren, was Leben bedeutet. Leben bedeutet, nicht das zu tun, was zu tun ist, sondern das zu tun, was man will. Dieser anarchische Gedanke ist natürlich eine Illusion, weil es finanzielle, rechtliche und moralische Grenzen gibt. Aber diese Grenzen verwischen, weil sich alles verändert.

Die Diktatur der antrainierten Gewohnheiten zerbröckelt. Die vielen unausgesprochenen »Du-darfst-nicht-Regeln«, die eine Gesellschaft moralisieren, lösen sich auf oder sie bilden einen neuen Kontext, der unserem jetzigen Leben mehr gerecht wird. Diese Emanzipierung findet in allen Lebensbereichen statt.

Ich halte es mit George Bernhard Shaw, einem irisch-britischen Dramatiker, der von 1856 bis 1950 gelebt hat. Er hat gesagt: »Was wir brauchen, sind ein paar verrückte Leute; seht euch an, wohin uns die Normalen gebracht haben.«

Wollen: Treiber deiner Existenz

Was auch immer Modernität, Tradition oder Normalität mit dir anstellen und welchen konkreten Bedingungen du dich stellen musst, es gibt keine wirklich guten Gründe, unter seinen Möglichkeiten zu bleiben, weil offenbar immer irgendetwas quer läuft.

Entscheide dich, wozu du gehörst:

Bist du Schiene oder Weichenstellung?
Bist du Figur oder Spieler?
Zugehörigkeit oder Selbstbestimmung?
Hierarchie oder Freiheit?
Ordnung oder Kreativität?
Form oder Inhalt?

So oder so, ja oder nein, keins oder alles – du kannst nicht ausweichen und das ist gut so.

Konsequenz statt Beliebigkeit.
Machen statt zaudern.
Jetzt.

4. Genug mit der Genugtuung

Wahrheit: Ach du liebe Wirklichkeit
Verleugnung: Pass auf den Hahn auf
Macht: machtlos, ohne Sinn
Schadenfreude: Da lechzt das Seelchen
Neid: grandiose Unterwürfigkeit

Wie häufig bist du schon von deinem Weg abgekommen, weil du etwas nicht wahrhaben wolltest. Echte Größe bedeutet, sich nichts vorzumachen. Wer seine Lage ehrlich analysiert und aus dem Kleinklein eingeübter Denkweisen ausbricht, hat alle Chancen, über sich hinauszuwachsen. So wirken Menschen, die sich selbst entdecken und eine fulminante Schaffenskraft für ein glückliches Leben entfalten.

Trau-Dich-Impuls

»Vergleiche dich nicht mit irgendjemandem in der Welt.
Wenn du das tust, beleidigst du dich selbst.«

Bill Gates
Gründer von Microsoft

Der Sohn reicher Eltern war klug und frühreif, er langweilte sich im Unterricht. Deshalb nahmen ihn die Eltern von der öffentlichen Schule und meldeten ihn mit Beginn des 7. Schuljahres auf eine private Eliteschule an. Und genau diese Schule richtete einen Computerraum ein. Das war 1968, zu einer Zeit also, als der Computer noch ein merkwürdiges Ding war. Gates faszinierte dieses Ding. Er

---

lernte das Programmieren und war berauscht davon. Er wusste, dass in der nahegelegenen Universität nur Mediziner und Physiker einen Computer hatten, und er nutzte seine Chance, um von drei bis sechs Uhr morgens daran zu arbeiten. Nach dem Schulabschluss studierte er an der Harvard University, schmiss aber nach zwei Jahren das Studium, um sein Unternehmen zu gründen. Zu diesem Zeitpunkt hatte er nahezu sieben Jahre programmiert und 10.000 Stunden Erfahrung gesammelt. Damit begann der Aufstieg einer sagenhaften Karriere. Heute ist er einer der reichsten Männer der Welt. Was wäre, wenn? Was wäre aus Bill Gates geworden, wenn er nicht durch einen Schulwechsel den Computer kennengelernt hätte? Entscheidend ist, dass er den Zufall genutzt hat. Bill Gates spricht selbst von einer »glücklichen Verkettung von Ereignissen«.

Wahrheit: Ach du liebe Wirklichkeit

Glaubst du deinen eigenen Worten?
Wie häufig unterlässt du etwas, weil die Worte dich dazu verleiten?
Worte, die du dir zusammengelegt hast, damit sie passen.
Passend gemacht, damit sie sich fügen.
Trickreich.
Aber du bist der Verlierer.
Die Fälschung schubst dich in eine falsche Richtung.
Du denkst falsch.
Nichts passt mehr.

Es ist sehr anstrengend, sich über die eigenen Worte klar zu werden. Diese Suche nach der Klarheit ist zunächst verwirrend, weil Sinn und Inhalt immer wieder kunterbunt durcheinander wirbeln.

Aber mache dir nichts vor.

Bedenke: Eine Wahrheit gehört dir ganz allein. Die Wirklichkeit gehört uns allen. Jetzt fragst du, was diese Wortspielerei soll? Es ist kein Spiel mit Worten, sondern ein Kampf um das Echte.

Es geht darum, wie wir Dinge erzähle und wie wir Dinge erzählt bekommen. Täuschen wir, werden wir getäuscht? Das ist zunächst einmal keine Frage der Absicht, sondern des Unbewussten. Es geht darum, wie ernst wir unsere Worte nehmen.

Unser Leben ist Kommunikation, alles dreht sich um das Wort. Der Mensch ist ein soziales Wissen, es muss sich mitteilen: beredt, nachdenklich, tratschend, aufmüpfig – wie auch immer.

Worte sind ein Existenzgut. Darum sollten wir das Wort achten. Eine Form der Achtung ist das Schweigen.

Das ist allerdings eine Übung, die kaum alltagstauglich ist. Man müsste schon in einem strengen Kloster leben, um das Nichtreden, das schweigende Mitteilen praktizieren zu können.

Also, wieder heraus aus dem Kloster, hinein in unsere Welt. Familie, Freunde, Beruf. Guten Morgen, lieber Tag, und da bin ich auch schon wieder mit der Wirklichkeit und der Wahrheit. Der Unterschied ist verblüffend groß.

Verwirrend!

Magst du trotzdem weiterlesen?

Danke.

Die Wirklichkeit ist das, wie es ist. Du beschreibst ein Ding oder eine Situation exakt mit den Worten, die absolut richtig sind. Die Wirklichkeit ist puristisch, sie ist keine Angeberin und manchmal ziemlich spröde.

Dagegen ist die Wahrheit das, was du aus der Wirklichkeit machst. Deine Wahrheit drückt deine Sichtweise aus, die sich im Laufe des Lebens so aufgebaut hat durch

Erziehung: Mutter, Vater, Kindergarten, Schule.
Erfahrung: Glück, Niederlage, Freude, Enttäuschung.
Entwicklung: Urteilsvermögen, Möglichkeiten, Bindung
Charakter: ehrlich, launisch, demütig, akribisch, heuchlerisch, hilfsbereit, angeberisch, fürsorglich.

Aus diesem Konglomerat bildet sich als deine Wahrheit. Sie ist das, was du für eine Wirklichkeit hältst. Doch wahr ist längst nicht wirklich.

Alles, was uns ausmacht, die Art des Denkens, das Spektrum der Wahrnehmungen und unser soziales Leben, verfärbt »unsere« Wirklichkeit. Das passiert uns jeden Tag hunderte Male.

Wenn der Priester seinen Glauben predigt, ist der Glaube für ihn eine Wirklichkeit. Tatsächlich ist es seine persönliche Wahrheit, weil er den Glauben nicht beweisen kann. Aber es ist nicht nur sein gutes Recht, sondern auch seine priesterliche Pflicht, seine Wahrheit als Wirklichkeit auszugeben.

Wie spricht das Kind zu seiner Mutter!
Wie spricht der Mitarbeiter zu seinem Chef!
Wie spricht der Freund zu seiner Freundin!

Kind, Mitarbeiter und Freund erzählen so, wie sie es glauben, es erzählen zu müssen. Was sie dann sagen, ist ihre Wahrheit.

In einem gerichtlichen Informationsblatt für Zeugen heißt es: »Ein besonders wichtiges Beweismittel ist der Zeuge. Er sagt über das aus, was er konkret gesehen und miterlebt hat. Seine Aussage kann deshalb nicht durch andere Aussagen ersetzt werden.«

Der Zeuge sagt also aus, was er gesehen hat. Er schildert seine Sichtweise. Genau damit beginnen die Probleme des Richters. Sagt der Zeuge seine Wahrheit, wie er sie sieht, oder sagt er die Wirklichkeit in absoluter Reinheit ohne persönliche Verfärbungen.

Wenn der Zeuge etwa einen betrunkenen Autofahrer beobachtet hat, wie er einen Fußgänger angefahren hatte, erzählt er vermutlich nicht nur, was er gesehen hat, sondern unbewusst, wie er den Vorfall erlebt hat. Ihm gehen vielleicht eines der folgenden Bilder durch den Kopf:

»Dieser blöde Mann. Unverantwortlich, der muss hart bestraft werden.«

»Mein Vater war Alkoholiker, wir haben mit ihm gelitten, weil wir ihn nicht stoppen konnten, er hat sich zu Tode gesoffen.«

»Mein Gott, hatte ich ein Glück, als mich vor einigen Wochen die Polizei angehalten und keinen Alkoholtest gemacht hat. Mein Lappen wäre weg gewesen.«

Nun erzählt also dieser Zeuge die Wahrheit und nichts als die Wahrheit, aber eben nicht die Wirklichkeit. Was er mit seinen Erfahrungen für die Wahrheit hält, ist nicht die Wirklichkeit. Diese unbewussten Verzerrungen sind keine Notlügen, sie sind und bleiben wahrhaftig. Denn der Zeuge redet so, wie er in diesem Moment glaubt, reden zu müssen.

In der Wirtschaft erleben wir häufig, dass wir als Kunden oder Aktionäre mit verschleiernden Worten getäuscht werden. Da verkündet ein Unternehmen eine Preisanpassung um 1,2 Prozent. Anpassen? Die Anpassung ist nichts anderes als eine Preiserhöhung. Und wenn das Unternehmen sich von Mitarbeitern trennt, heißt es nicht »Entlassung«, sondern »Freisetzung«. Vorsicht auch bei dem Wörtchen Restrisiko. Wenn das ein Unternehmer sagt, dann meint er damit, dass eine konkrete Gefahr nicht von der Hand zu weisen ist. Dann ist der Rest des Risikos eben keine Kleinigkeit, sondern recht üppig.

Verdächtig, wenn ein Manager nicht »ich«, sondern »wir« sagt. Dabei betont doch – eigentlich – die Wir-Form den Teamgeist. Wissenschaftler der Elite-Universität Stanford haben aber herausgefunden, dass ein Manager dann übermäßig in Wir-Form spricht, wenn er etwas verbergen möchte.

Also, wenn du dein Ziel (Wünsche, Träume, Sehnsüchte) erreichen willst, baue dir keine Hürden mit falschen Worten (Inhalte, Gedanken) auf.

Verleugnung: Pass auf den Hahn auf

Da war doch was. Etwas Unangenehmes. Nur weg! Flüchten, abstreiten, verleugnen. Damit verschaffst du dir nur eine selbsttäuschende Atempause, eine zeitlich befristete Genugtuung: »Ich bin zufrieden, weil ich raus bin aus diesem Dilemma.«

So ist das aber leider nicht. Das Dilemma bleibt. Denn Verantwortung bedeutet nicht »leider«, sondern »jawohl«. Wir verantworten unser Handeln. Es gibt keine Freiheit ohne Verantwortung.

Gewiss: Verleugnen ist zunächst ein alltagstaugliches Ritual, um sich einer Sache nicht zu stellen, weil es unbequem ist. Das Telefon klingelt, aber ich will mit dieser Person nicht sprechen. Das tägliche Verdrängen von Problemen und Pflichten, das Aufschieben und nicht Wahrhaben-Wollen, dieses Schleifenlassen von Aufgaben, die erledigt werden müssen – all das quält uns, und die Verleugnung soll diese Qual lindern.

Es ist nur so, dass wir das Unangenehme zwar sein lassen, aber nicht wegdenken können. Das ständige Verleugnen, was alles nicht sein soll oder darf, höhlt die Zufriedenheit aus. Der Mensch ist auf Dauer nicht zufrieden, wenn er sein Tun als genug bezeichnet, indem er Genugtuung verspürt.

Der weltweit bekannteste Verleugner ist Petrus, verewigt in der Bibel. Der gute Mann war einer der zwölf Apostel von Jesus, aber als Pontius Pilatus den Christenführer verurteilen ließ, drehte sich die Pro-Jesus-Stimmung in Angst und Distanz.

Auch wer die Bibel für ein Märchenbuch hält, kann aus dem Petrus-Fall lernen: Jesus sagte voraus, dass er in der Nacht vor seiner Verhaftung von Petrus dreimal verleugnet wird, ehe der Hahn dreimal kräht. Petrus ging sofort in die Offensive, bestritt die Ankündigung und schwor Jesus sogar seine Treue. Doch dann kam der Moment. In jener Nacht wurde Petrus von fremden Leuten als Jesu-Anhänger bezeichnet, aber dreimal leugnete er seine Gefolgschaft und beim dritten Verleugnen krähte der Hahn.

Tja, und nun?
Wer kräht gerade in dir?
Der Hahn des schlechten Gewissens?

Zur Ehrlichkeit gehört allerdings, dass Verleugnen manchmal der einzige Weg sein kann, um sich vor übermäßig negativen Folgen zu beschützen. Jeder von uns möge genau abwägen, wo Recht ins Unrecht umschlägt.

Der Verleugner beruft sie allzu gerne auf einen Sachzwang. Der Zweck soll seine Mittel heiligen, er muss also böse sein, um das Gute zu bewirken. Wer will dafür die Grenze ziehen? Der Sachzwang dient allein dazu, sich aus der Verantwortung zu stehlen. *Ich würde ja gerne, aber mir sind die Hände gebunden.*

Es gibt eine moralische Variante der Verleugnung, die uns keinen Spielraum lässt: wenn ein Unschuldiger zum Schuldigen wird, weil wir unser Wissen aus taktischen Gründen zurückhalten (hinnehmen, zuschauen, wegschauen. Dann gibt es die Rote Karte.

Im Berufsleben schleppen Menschen ganze Bündel roter Karten mit sich herum. Jedes Kärtchen sichert Positionen und diese Menschen sagen uns: »Armer Fantast, wo lebst du eigentlich. Das Berufsleben ist ein Haifischbecken!«

Lass dich nicht verführen. Führe dich selbst. Das bewahrt dich davor, dich selbst zu verleugnen.

Macht: machtlos, ohne Sinn

Wie gehst du mit deiner Macht in deinem ganz persönlichen Leben um?

Willst du herrschen oder gestalten?
Willst du kontrollieren oder die Richtung vorgeben?
Willst du befehlen oder führen?
Setzt du auf Distanz oder Nähe?
Setzt du auf Disziplin oder Freiheit?
Willst du delegieren oder inspirieren?
Immer nur Antworten geben, statt Fragen zu stellen?

Wenn du mit deiner Macht alles dafür tust, dass sich ein Mensch entfalten kann, hast du die höchste Stufe des Macht-Sinns erreicht.

Genau davon profitierst auch du. Du wirst geradezu emporgetragen durch die Wertschätzung deiner Mitmenschen. Dir eröffnen sich neue Perspektiven, weil du der Einsamkeit einer dummen Macht entkommst.

Wer die Macht will, ohne die Folgen seiner Macht zu tragen, ist ein Gaukler. Er spielt mit der Macht, und aus dem Spiel wird eine Sucht, und die Sucht führt zur Abhängigkeit. Und die Abhängigkeit verführt den Gaukler zur Kontrolle, zum Misstrauen und zur unbedingten Verteidigung seines Status. Der Gaukler mutiert zum Diktator. Er pflegt durch Macht seine Genugtuung.

Wer die Macht hat, sie mal streng und dann gütig einsetzt, ist ein Patriarch. Er hat einen guten Ruf, weil seine Güte offenbar ein Regulativ für seine Strenge ist, aber tatsächlich ist er in seinen Entscheidungen nicht verlässlich. Er handelt wesentlich nach Bauchgefühl, sein Pendel kennt kein Mittelmaß, es schlägt zwischen Zuneigung und Abneigung.

Gaukler und Patriarchen sind Menschen, die sich überschätzen und andere Menschen unterschätzen. Darin spiegeln sich Narzissmus, eine Gier nach Aufmerksamkeit und Bestätigung, aber auch eine Zwangshandlung, um andere Menschen zu ihrem Glück zu zwingen.

Dabei ist es nun wirklich kein Geheimnis, dass sich eine heilvolle Macht nur durch Verantwortung, Kompetenz und Fürsorge sinnvoll vollendet.

Bricht ein Steinchen aus diesem Gebilde heraus, bröckelt

die Fassade des Mächtigen. Und das gilt für alle Lebenssituationen.

Die Mitarbeiter flüchten in die innere Kündigung.
Die Kinder ziehen sich von den Eltern zurück.
Der Sportler wechselt den Verein.
Und die Bürger flüchten entweder in die Hoffnungslosigkeit, in den Widerstand oder in einen anderen Staat.

Respekt ist eine Wunderwaffe.

Respekt heilt Wunden.
Respekt schenkt Würde.
Respekt offenbart Zuversicht.

Eine Macht, die das verinnerlicht, macht das Leben freier.

Diese Freiheit ist betörend.
Nimm diesen Schwung mit.

Schadenfreude: Da lechzt das Seelchen

Für Schadenfreude müssen wir in kein Theater gehen und dafür auch noch Geld bezahlen. Das Lustspiel findet in unserem Kopf statt: Was wir sehen oder lesen, ist feinste Komödie. Unser Seelchen lechzt und labt sich an dem unglücklichen Sein des anderen.

»Schadenfreude ist die primitivste Freude der menschlichen Heiterkeit, aber die Schönste«, pflegte unser Mathematik-Professor im BWL-Studium zu sagen. Dieser

Spruch gefällt mir, weil er uns so wunderbar entblößt.

Diese Entblößung braucht keine große Bühne, manchmal reicht schon ein Blick auf den Straßenverkehr. Was ist so spannend daran, wenn die Polizei einen Falschparker abschleppen lässt?

Der Vorgang ist ziemlich lapidar: Da kommt ein Abschleppauto, um das Fahrzeug auf die Vorrichtung zu ziehen und mitzunehmen. Das soll spannend sein? Na, klar!

Es finden sich für dieses dämliche Schauspiel immer ein paar Zuschauer, die dann auf das große Spektakel hoffen: Während das Auto gerade abgeschleppt wird, kommt der Fahrer um die Ecke gehastet und versucht noch soeben, das Abschleppauto aufzuhalten – natürlich vergeblich. Die Freude darüber ist der Glitzermoment, der den Schaden im Kopf veredelt.

Warum ist das so? Warum freuen wir uns über den Schaden, den ein anderer erleidet? Weil wir schwach sind. Fast nichts ist schlimmer zu ertragen als der ständige Glanz der anderen. Die Schadenfreude reguliert unseren Seelenhaushalt. Wenn es bei uns nicht rund läuft, soll es anderen Menschen auch nicht gut gehen. Wir sitzen also in einem Boot und keiner kann daraus fliehen.

Das Maß der Schadenfreude ist abhängig von persönlichen Erwartungen, Hoffnungen, von gesellschaftlichen Trends und Werten – da findet sich immer einer, der gerade ins Raster passt und damit die Genugtuung auf die Spitze treibt. Wenn es etwa den Menschen wirtschaftlich nicht gutgeht, dann ist ein reicher »Sack«, der tief fällt, ein Glücksfall für die Schadenfreude.

Die Supernummer ist natürlich so ein richtiges Strafverfahren: der »Bonze« auf der Anklagebank. Und wenn der dann auch noch ins Gefängnis muss: Dann spielt die Genugtuung Harfe! Summ-Summ, meine Liederlichkeit!

Die Gesellschaft braucht gefallene Helden wie zum Beispiel den Kunstberater Helge Achenbach, den Fußball-Boss Uli Hoeneß und den Top-Manager Thomas Middelhoff, um sich an ihnen abzuarbeiten und eigene Defizite besser ertragen zu können.

Die Schuld eines anderen Menschen aktiviert Häme und Übermut, da kann der Stinkefinger gar nicht lang genug sein. Und jeder möchte durchs Schlüsselloch des »Bösen« schauen, um mit größter Genugtuung das Gute an sich selbst festzustellen.

Neid: grandiose Unterwürfigkeit

Die Schadenfreude hat einen gefährlichen Verbündeten: den Neid.

Neid ist ein Schmerz, etwas nicht zu haben, was andere tatsächlich oder scheinbar haben. Dieser Schmerz will nicht zulassen, was wir im anderen Menschen sehen oder sehen wollen. Die Trefferquote für Neid ist besonders groß gegenüber Menschen, die offenbar reicher, schöner oder gebildeter sind.

Auf den Punkt gebracht: Neid bedeutet Respektlosigkeit. Was ich nicht habe oder nicht schaffe, gönne ich dem anderen nicht. Über Neid spricht man nicht. Neid gehört sich nicht. Aber er ist da. Er wuchert, macht traurig, wütend und einsam. Jemandem etwas zu gönnen? Eine Zumutung!

Neidisch zu sein, ist verdammt anstrengend, weil es immer Menschen gibt, die etwas haben oder haben könnten, was wir nicht haben oder nie haben werden. Wer also stets nach dem trachtet, was er bei sich vermisst, befindet sich in einer Falle.

Da kommt der Neidische nur heraus, wenn er sich nicht mehr kleiner macht, als er ist. Wer andere ständig erhöht und damit sein eigenes ICH schlechtmacht, gewinnt keine Größe.

Der Neid ist ein Narr, der uns häufig in die Irre führt. Menschen, auf die wir neidisch sind, können diesen Neid in vielen Fällen gar nicht verstehen. Wie häufig verschieben sich Selbst- und Fremdbild:

Da glaubt der Manager in der zweithöchsten Hierarchiestufe, er hätte nicht genug erreicht.

Da ärgert sich die Frau, die fünf Sprachen beherrscht, dass sie das Italienische nicht perfekt aussprechen kann.

Da fühlt das kinderlose wohlhabende Ehepaar eine Sehnsucht, weil es die Nachbar-Familie mit Zwillingen so bewundert.

Es gibt auch Menschen, denen es peinlich ist, wenn andere Menschen neidisch auf sie sind. Sie möchten sich nicht mit einer Eigenart oder einem Besitz über andere Menschen erhöhen, sondern einfach nur ihr Leben leben. Sie fühlen sich durch den Neid beobachtet und seelisch ausgezogen.

Gewiss, der Neid gehört zu unserem Leben.

Es ist aber wunderbar, sich selbst in den Blick zu nehmen. Du bist du und kein anderer.
Bist du dir dieser Einzigartigkeit bewusst?

Außerdem lohnt es sich, einmal darüber nachzudenken, ob wir das Leben führen möchten, auf das wir neidisch sind.

Der Nachbar ist ein überdurchschnittlicher Klavierspieler. Warum schaffe ich das nicht? Weil er im Gegensatz zu mir bis jetzt 10.000 Stunden Übung investiert hat. Darauf habe ich aber keine Lust.

Mensch, wie schafft sie es nur, dreimal im Jahr in den Urlaub zu fliegen? Weil sie mehr Geld hat. Dafür arbeitet sie jeden Tag 12 Stunden.

Möchtest du das?

5. Jetzt wird es gefährlich

Komplott: Denke böse, damit du böse bist
Beute: Sei raffgierig, damit du das Übermaß züchtest
Schlacht: Sei geizig, damit du auf Kosten anderer lebst
Keil: Sähe Misstrauen, damit kein Vertrauen herrscht
Protz: Tue wichtig, damit du überragend erscheinst

Kein Mensch muss mit einem Heiligenschein durchs Leben laufen, aber wer sich mit Tricks durchs Leben mogelt, könnte damit alles zerstören. Eine gesunde Moral schafft Klarheit.

Trau-Dich-Impuls

»Leute, die für alles Verständnis haben, bieten keinen Halt.«

Wolfgang Joop
Modeschöpfer

Wolfgang Joop ist ein Tausendsassa, man weiß bei ihm überhaupt nicht, welche Begabung gerade mal wieder hervorsticht. Ein Modelabel gründen, eine Kollektion entwerfen, geistreiche Interviews geben? Der Mensch Wolfgang Joop ist längst selbst zur Marke geworden. Seine größte Begabung ist allerdings seine Offenheit, zu sagen, was er denkt, und das Schöne daran ist, dass die Menschen ihm das nicht übel nehmen. Er darf sagen, was er denkt. Dieser Mann ist wahrhaftig ein freier Mann.

Komplott: Denke böse, damit du böse bist

Mache bitte Folgendes: Suche dir ein gemütliches Plätzchen, entspanne dich und achte auf deine Stirn. Halte sie glatt, atme ruhig und tief ein und aus.

Kannst du in diesem Zustand böse denken?

Wenn du das schaffst, hast du das böse Denken perfekt verinnerlicht. Du hast das Zeug zum Böse-sein, und du glaubst fest daran, dass ein anderer Wesenszug idealistisches Geplänkel ist.

Das böse Denken geht immer davon aus, dass die Dinge erst einmal böse sind. Ich meine nicht negativ, sondern böse.

Negativ bedeutet: Das Wasserglas ist nicht halb voll, sondern halb leer – eine Frage der Betrachtung.

Böse bedeutet: Das Wasserglas ist nicht nur halb leer, sondern ungenießbar. Ich habe dieses Wasser zwar noch nie getrunken, aber weil das Glas halb leer ist, kann es ja nicht schmecken. Würde es schmecken, wäre das Glas voll – eine Frage der Unterstellung.

Dieses einfache Beispiel zeigt, dass das Böse durchaus logisch ist. Ich unterstelle etwas und suche nach Argumenten, um die These Punkt für Punkt zu rechtfertigen.

Böse zu sein ist keine Weltanschauung, es ist ein Trieb, eine Unterstellung so zuzuspitzen, dass sie ein bestimmtes Handeln rechtfertigt.

Böse zu sein, ist auch kein Irrtum. Darin liegt eine faszinierende Logik. Wer böse denkt, denkt böse, weil er böse denkt, denkt er böse. Aus diesem absurden Labyrinth kommt er nicht mehr heil heraus. Er hat sich ausgeliefert. Der Mensch ist nicht böse wegen eines Zufalls, er ist böse, weil es sein Wille ist.

Andersherum: Kann ein Mensch, der immer nur gut denkt, systematisch böse sein. Damit meine ich nicht ein Ärgernis, ich meine das unbewusste Böse-sein-müssen.

Nein, wenn das Gute im Denken angelegt ist, ist das Handeln grundsätzlich auch gut angelegt. Es sei denn, das Bewusstsein trickst sich gegenseitig aus, das wäre dann allerdings krank.

Wie beurteilst du diesen tatsächlichen Fall? Auf einer Safari-Tour wird die Ehefrau von einem Tier angefallen. Der Ehemann greift schnell nach seiner Kamera, um die Situation aufzunehmen, statt spontan zu helfen. Wie ist es überhaupt möglich, dass der Ehemann nicht reflexmäßig auf die Idee kommt, das Leben seiner Ehefrau zu retten?

Hier geht es nicht um Nachdenken, hier muss auch nicht das Für und Wider eines Handelns abgewogen werden. Hier geht es um das natürlichste Menschlich-Sein, um das Leben, um Nächstenliebe, um das Gute. Der Ehemann hat sich böse verhalten.

Das Böse begleitet uns über Jahrtausende durch alle gesellschaftlichen, politischen und kulturellen Entwicklungen hinweg. Das Gute aber auch. Das ist ermutigend. Und davon sollten wir uns jeden Tag neu anstecken lassen.

Beute: Sei raffgierig, damit du das Übermaß züchtest

Der Blick, der Gedanke, die Tat: Du willst mehr haben, noch mehr, immer mehr? Hole es dir! Aber bedenke: Daraus wird eine Sucht, du wirst nicht nur zum Schnäppchenjäger, weil Geiz geil ist, du wirst das Übermaß kultivieren. Diese Kultur will raffen, und zwar gierig.

Der Werbespruch »Geiz ist geil« ist offenbar die Umkehrung eines Mottos aus den 80er Jahren. Damals hatte der amerikanische Börsenspekulant Ivan F. Boesky gesagt, »Greed is good«, Gier ist gut. Es war das Zeitalter der Verschwendung und des Strebens nach Bereicherung.

Der Gierige spürt, wie anstrengend es ist, ein XXL-Leben zu führen. Er muss ständig aufpassen, sein sattes Reich nicht nur zu verteidigen, sondern es sogar noch auszubauen.

Der Gierige verliert den Blick für eine angemessene Lebensführung. Angemessen ist all das, was die Menschen stetig weiterbringt. Schritt für Schritt. Wer die Treppe hoch rast und dabei andere Menschen beiseiteschiebt, wird sein Ziel niemals erreichen. Irgendwann ist der Punkt erreicht, wo die Raserei zur Erschöpfung wird.

Noch schlimmer: Der Gierige hat kein ausgeprägtes Risikobewusstsein. Das hat ein Team von Hirnforschern von der Würzburger Universität festgestellt. Der Gierige ignoriert Warnhinweise und lernt aus seinen Fehlern nicht. Er macht einfach weiter, als wäre nichts gewesen.

Geht es noch schlimmer? Ja. Wer schon viel hat, ist eher bereit, moralische Regeln zu brechen, um noch mehr zu bekommen. Reiche Menschen haben deutlich weniger Skrupel als arme Menschen, sich zu nehmen, was sie haben wollen. Das haben Wissenschaftler von der University of California (Berkeley/US-Staat Kalifornien) nachgewiesen.

Schlacht: Sei geizig, damit du auf Kosten anderer lebst

Du kennst sicherlich die Situation, dass jeder in der Runde ein Bier oder einen Wein ausgibt, nur einer drückt sich wiederholt darum. Der Geizige glaubt, es würde keiner bemerken. Natürlich ist sein Verhalten aber offensichtlich. Nur: Was denkt er sich dabei, immer nur zu nehmen, statt auch mal zu geben? Na ja, so funktioniert Geiz.

Geizige Menschen sind materielle Egoisten. Diese maßlose Maximierung des eigenen Vorteils führt naturgemäß dazu, dass andere darunter zu leiden haben.

Wer fleißig spart, übt Verzicht, der Geizige spart auf Kosten anderer. Das ist der moralische Unterschied zwischen Sparsamkeit und Geiz.

Im Christentum gehört die »Avaritia«, der Geiz, die Habsucht, zur Todsünde. Das heißt, auch in unserem christlich abendländischen Menschenbild, auf dem unsere gesamte Kultur basiert, ist Geiz ein Unwert. Er richtet nur Schaden an.

Herr Raffgier und Frau Geizig ...

... sind ein wunderbares Pärchen, weil sie sich wunderbar ergänzen. Was Herr Raffgier durch seinen Nimmersatt hereinholt, hält Frau Geizig durch ihr Nichtgönnen eifrig zusammen. Wer also über seine Sättigung noch mehr will und dem anderen nichts gönnt, kann sich bei diesem Pärchen genau ansehen, wie man das macht.

Keil: Sähe Misstrauen, damit kein Vertrauen herrscht

Worte, die mit Miss... beginnen, fühlen sich nicht gut an:

Missbilligen
Missbrauch
Missdeuten
Misserfolg
Missfallen
Missgelaunt
Missglücken
Missklang
Missverständnis.

Diese Worte sind Mist für die Seele. Es hakt und zwickt. Und dazu gehört eben auch das Misstrauen.

Misstrauen bedeutet Unfreiheit, weil es den Menschen handlungsunfähig macht. Darin liegt das größte Risiko des misstrauischen Menschen. Wer es aus lauter Furcht vor einem Nachteil nicht schafft, sich für A oder B zu entscheiden, kommt nicht weiter.

Misstrauen ist anstrengend, weil damit permanente Kontrolle verbunden ist. Wer seinem Arzt misstraut, sollte schlauer sein als er. Wer dem Verkäufer eines Fernsehers misstraut, sollte alle technischen Details kennen. Wer seinem Ehepartner nicht mehr über den Weg traut, tja ...

Der misstrauische Mensch befindet sich in einem permanenten Kampf. Es geht ihm grundsätzlich darum, Menschen und Dinge in Zweifel zu ziehen, weil das Leben voller Risiken steckt.

Der misstrauische Mensch ist überhaupt nicht in der Lage, normale Risiken mit allgemeiner Lebenserfahrung zu erkennen und danach zu handeln. Er schaut auf jedes Problem mit einer Lupe, um jede Faser eines möglichen Problems genauestens zu sehen. Aber versteht er dann noch, was er da so genau sieht?

Es gibt eine Methode, die das Leben ungemein erleichtert. Sie heißt: Vertrauen. Für das Vertrauen brauchst du keine Lupe, schau einfach hin, und du weißt, woran du bist.

Der springende Punkt: Vertrauen bedeutet nicht, dass etwas richtig ist, aber weil du davon ausgehst, schenkt dir diese Glaubwürdigkeit ein gutes Gefühl.

Drehe und wende das Wort Vertrauen, du kommst immer wieder zum Ursprung zurück. Immer geht es darum,

Nichtwissen oder Orientierungslosigkeit durch Vertrauen zu kompensieren.

Der misstrauische Mensch bleibt ein Verfolgter in seinem Herzen. Er wird nie so viel Wissen haben können, um sein Misstrauen durch Informationen abzusichern. Er wird die Lücke zwischen ihm und anderen Menschen niemals schließen und darin liegt die eigentliche Tragik des Misstrauens.

Protz: Tue wichtig, damit du überragend erscheinst

Wichtigtuer, Angeber, Blender, Gernegroß: das sind die Typen, die im Job an uns vorbeiziehen. Wunder dich also nicht, wenn dein Chef ein Psychopath ist. Er hat gelernt, sich ungefragt in den Mittelpunkt zu stellen, zu lügen, zu übertreiben, Fehler bei anderen zu suchen und sich mit Arroganz ständig zu überhöhen. Außerdem neigt er zum Nazismus. Wer sich so wahnsinnig selbst liebt, geht auf Distanz. Er liebt die Hierarchie: Ich da oben, du da unten.

Eine besonders beliebte Variante der Wichtigtuerei ist der Protz mit Statussymbolen. Beachte die Nuancen. Ein reicher Mensch, der einen teuren Sportwagen fährt, ist kein Angeber. Ein Angestellter mit einem durchschnittlichen Gehalt, der mit einem geliehenen Sportwagen über die Düsseldorfer Luxusmeile Kö brettert, ist ein Angeber. Der eine merkt wohl überhaupt nicht mehr, dass er mit einem erlesenen Auto fährt, der andere will anderen merken lassen, was er sich offenbar leisten kann.

Angeberei im täglichen Leben, fein dosiert, kann man hinnehmen. Die Eitelkeit erzieht uns dazu. Wir müssen uns eingestehen, dass es schwer ist, sich ihr völlig zu entziehen. Wir hören ständig, wie wichtig es doch sei, sich ordentlich zu präsentieren, und dann fällt noch der Supersatz: Mache dich nicht kleiner, als du bist. Mit anderen Worten: Mache dich größer, als du bist. Ich finde, das gehört zum Leben – aber bitte mit Vorsicht. Wer ständig so tut, als ob, wird bald nicht mehr ernst genommen.

Wer dem Wichtigtuer glaubt, zahlt mit seinem Respekt. Darauf baut der Angeber seine Strategie auf. Er braucht die Bewunderung, und weil er bewundert wird, muss er dieser Bewunderung ständig gerecht werden. Er kompensiert ständig irgendwelche Schwächen, sonst müsste er ja nicht angeben.

Doch allmählich stolpern wir über Details, wir stutzen, werden nachdenklich, schauen jetzt genauer hin und stellen fest: Das ist ein Angeber. Die Show ist vorbei.

6. Großer Schlamassel

Torheit: schräger Spaß
Trägheit: abgepumpte Energie
Feigheit: verklemmte Aussicht

Die größte Herausforderung der Menschen besteht darin, den Wandel zu verstehen und sich darauf einzustellen. Wer das ablehnt oder nicht schafft, bekommt Probleme. Wir leben im Zeitalter des absoluten Fortschritts. Zu keiner anderen Zeit erlebten die Menschen so schnelle, heftige und epochale Veränderungen wie jetzt. Ausgelöst durch die digitale Revolution entstehen in immer kürzeren Zyklen bahnbrechende Innovationen. Das ist erst der Anfang einer Entwicklung, die unser Leben und Arbeiten, unsere sozialen und wirtschaftlichen Systeme radikal verändern wird. Die Informations- und Kommunikationstechnologie ist eine gigantische Weltmacht, die keine Normen und keine Normalität kennt. Sie sprengt unsere Vorstellungskraft. War früher »Zukunft« ein Punkt in weiter Ferne, dringt die Zukunft heute immer schneller in die Gegenwart.

Trau-Dich-Impuls

»Lass dich nicht von dem, was du nicht weißt, einschüchtern. Das kann sogar deine größte Stärke sein und stellt sicher,
dass du die Dinge anders machst.«

Sara Blakely
Gründerin des Unterwäsche-Herstellers Spanx

Mit 29 Jahren hatte sie nicht die geringste Ahnung, wie sich ihr Leben verändern würde. Zweimal rasselte sie durch die Aufnahmeprüfung für das Jura-Studium, sie schlug sich mit kleinen Jobs als Nummerngirl bei Walt Disney durch und verkaufte Faxgeräte. Doch auf einer Party in Florida offenbarte sich ihr eine grandiose Zukunft. Das schwüle Wetter war nicht auszuhalten, und ihre Strumpfhose klebte an den Beinen und ihre Schuhe fühlten sich wie eine Sauna an. Sie schnitt deshalb das Fußteil der Strumpfhose einfach ab und spürte sofort Erleichterung. Allerdings rutschte die Strumpfhose und es bildeten sich über die Taille kleine Pölsterchen. Da kam ihr die Idee, eine klimatisch angepasste Form zu entwickeln, und daraus wurde dann eine Kollektion für straffende Unterwäsche. Sie war unerschütterlich überzeugt, dass diese Idee grandios ist. Sie ging bei Herstellern und Händlern ein und aus, um ihren Bodyshaper auf den Markt zu bekommen. Wie sie es geschafft hat: »Ich habe ungefähr tausendmal das Wörtchen ‚Nein' gehört und habe tausendmal einfach nicht hingehört.«

Torheit: schräger Spaß

Ein Tor handelt töricht. Er macht einen Fehler, weil er unbelehrbar, aufsässig oder aggressiv ist.
Wer mit dem den Kopf durch die Wand will, ist ein Tor.
Wer mit Kanonen auf Spatzen schießt, ist ein Tor.
Wer zornig handelt und die Folgen nicht bedenkt, ist ein Tor.
Na ja, immer vernünftig sein zu wollen, ist gar nicht möglich, zumal die Verwegenheit uns manchmal reizt. Dann wollen wir aus der Reihe tanzen, mal schauen, wie dieser Tanz endet. Zum Glück lenkt uns meistens das gute

Gefühl, damit wir uns richtig entscheiden. Das gute Gefühl ist ein sehr starker Partner für unser Leben. Ohne ihn könnten wir unseren Alltag nicht meistern. Wer sich also darauf verlassen kann, weiß, wie das Leben funktioniert. Dagegen hat die Torheit die Aufgabe, ein vernünftiges Ziel glatt zu verfehlen. Damit ihr das auch sicher gelingt, fehlt es ihr

erstens an Klugheit: Ich weiß nicht.

zweitens an Maß: Ich bedenke nicht

und drittens an Verantwortung: Ich will es trotzdem so.

Der Tor ist eine dramatische Figur, weil sie sinnlos handelt. Wo der Sinn fehlt, macht sich das Leben winzig.

Eine besondere Form der Torheit ist eine Dummheit wider besseres Wissen. Die Lebenserfahrung versagt in einem entscheidenden Moment. Das beobachte ich immer wieder in Strafprozessen gegen Manager. Sie sitzen auf der Anklagebank wegen Betrugs, Steuerhinterziehung oder Korruption.

Unter den Beschuldigten sitzen nicht nur Typen, die es gezielt auf den Rechtsbruch angelegt haben, um sich schuldhaft zu bereichern. Es gibt auch die Typen, die den Rechtsbruch zunächst gar nicht in den Sinn hatten. Ein Fehler sollte vertuscht oder korrigiert werden, und schon geht der Schuss nach hinten los. Ein Fehler führt zum nächsten Fehler, dann zu strafbaren Verstrickungen. Die Folge: Verhaftung, Verurteilung. Aus und vorbei.

Die Torheit ist eine Spezialität von Persönlichkeiten, die in einem Kreislauf aus Macht und Geld, Erfolg und Anerkennung leben, und sich partout nicht vorstellen können, jemals abzustürzen. Uli Hoeneß zum Beispiel. Er glaubte, schlauer als das Finanzamt zu sein. Ein Irrglaube, der ihn ins Gefängnis brachte.

Die Überheblichkeit ist deshalb eine besondere, raffinierte Form der Torheit. Sie bedient einen Größenwahn, dass mir nichts passieren kann. Aber: Alles, was möglich ist, kann auch passieren.

Trägheit: abgepumpte Energie

Trägheit, was ist das eigentlich? Sie ist subtiler als die Faulheit. Faul zu sein, abzuhängen und sich mal gehen zu lassen, ist wunderbar und deshalb für unsere Zufriedenheit absolut notwendig. Die Trägheit hat auch nichts mit Muße zu tun. Die Muße vereinigt Gelassenheit und Geduld, um sich damit auf etwas zu besinnen. Wer sich auf etwas besinnt, denkt kreativ, um zu einem Kern vorzudringen. Kreativ zu sein, hilft uns dabei, immer wieder aus unserem Schatten zu treten.

Und da bin ich wieder bei der Trägheit. Sie ist nutzlos. Sie stiftet keinen Sinn. Wer träge ist, will nicht, kann nicht, lebt seine Verneinung. Nein, zum Aufbruch. Nein, zum Verändern. Grundsätzlich: Nein zur selbstbestimmten Lebensgestaltung. Der träge Mensch pflegt seine Gleichgültigkeit. Ein will ein Unbeteiligter sein. Sich nicht zu beteiligen, heißt: Sich nicht für etwas begeistern zu können.

Trägheit hat viele Gesichter.

Ich bin träge, weil ich ohnehin nichts ändern kann.
Ich schaue weg, weil ich mich nicht einmischen will.
Ich mache nichts, weil es bisher immer gut gegangen ist.

Der träge Mensch unterfordert sich durch selbstbestimmten Freiheitsentzug. Wer »nein« sagt, nutzt seine Freiheiten nicht, um seine Talente einzubringen. Der träge Mensch merkt nicht, dass er ein Sklave der Gesellschaft ist. Sie diktiert ihm eine Gewöhnung an, der er sich unterordnet.

So werden aus Visionen keine Ziele, aus Hoffnungen keine Wünsche. Fortschritt geht anders. Wer sich gegenüber dem Wandel passiv verhält, beharrt auf etwas. Im Wirtschaftsleben gehört diese Form der Trägheit zu den gefährlichsten Fehlern.

Anfällig für Trägheit sind vor allem patriarchalische Unternehmensführer von Familiengesellschaften, die sich nicht von unten nach oben kämpfen mussten und auch keinen Aufsichtsrat haben, der ihnen die Leviten lesen könnte. In diesen Unternehmen gibt es keinen positiven Geist für produktive Kritik.

Besonders gefährdet sind auch Menschen, die ein Unternehmen aus kleinsten Anfängen selbst gegründet und zu einem Konzern ausgebaut haben. Sie kennen die Firma in all ihren Details und verlieren doch den Überblick. Das beste Beispiel: der Metzgermeister Anton Schlecker, der seine Drogeriekette in den 8oer Jahren zum Marktführer aufbaute und sie durch sein Beharrungsvermögen in die Pleite führte. Trägheit macht blind.

Feigheit: verklemmte Aussicht

Der feige Mensch verweigert sich seiner Verantwortung, indem er

- schweigt: Ich sage nicht, was ich weiß.
- leugnet: Ich streite alles ab.
- Lügt: Ich sage bewusst die Unwahrheit.
- wegschaut: Ich will nichts wahrhaben.
- Kaschiert: Ich lenke ab.

Bist du feige? Allein diese Frage! Wir möchten sie alle gerne verneinen. Feigheit besagt, dass wir aus Angst etwas nicht machen. Das Risiko ist zu groß, die Chance zu klein. Wir folgen einem Kalkül. Wenn aber eine Chance an Mutlosigkeit stirbt, stirbt damit auch die Inspiration für eine neue Idee. Darin liegt die schlimmste Gefahr, ein Risiko zu vermeiden.

Bist du mutig? Mut ist kein Regelfall. Mut ist eine Ausnahme. Mut erfordert einen Willen, etwas zu durchbrechen, was mich übermäßig herausfordert. Nicht mutig zu sein bedeutet, sich selbst zurückzunehmen. Das Gegenteil von Mut ist deshalb nicht Feigheit, sondern Verzicht.

Wer darauf verzichtet, eine wichtige Meinung zu äußern oder eine wichtige Handlung zu verweigern, wird sich damit selbst nicht gerecht. So ist das Leben, und es ist Aufgabe des Lebens, unserem Ideal näherzukommen. Das ist ein Auf und Ab, aber die Linie sollte langsam nach oben steigen – dort oben, wo wir sagen können: Ich habe nicht alles geschafft, aber ich habe es versucht.

Wer dagegen ständig mutlos ist, erschlafft. Er nimmt sich heraus aus dem Miteinander, lässt die anderen machen. Der Mutlose gehorcht. Gehorchen ist keine Methode, um das Leben zu erleichtern. Gehorchen mag bequem sein, aber es nagt doch an unsere Selbstbestimmung, etwas zu meinen und zu wollen und das auch auszudrücken.

Im Berufsleben ist Feigheit mitunter eine Überlebensdisziplin. Das meine ich nicht einmal ironisch, aber es ist trotzdem traurig und auch schlecht. Denn wer seine Stellung mit Lavieren und Tricks sichert, vergiftet damit das ganze Unternehmen. Das geht von Bereich zu Bereich, von Abteilung zu Abteilung, von Stelle zu Stelle.

Wenn die Mitarbeiter merken, dass »die da oben« keine Verantwortung übernehmen, hat das natürlich Einfluss auf die eigene Bereitschaft, eben das zu tun.

Das gilt für alle Lebensbereiche.

7. Dran bleiben

Schuld: Blütenweiß gibt es nicht
Scheitern: halb so schlimm

Klar, die Krise ist für uns eine Bedrohung. Wer mag da an Chance denken? Unerschrockene Typen sagen aber: Ja, wir haben ein sinnvolles Ziel. Ja, es lohnt sich, dafür sein Bestes zu geben. Sie stecken Niederlagen weg und starten in eine neue Zukunft. Sie entfachen immer wieder das Feuer des Aufbruchs – gerade auch dann, wenn der Erfolg da ist.

Trau-Dich-Impuls

»Nach den Gesetzen der Physik kann eine Hummel nicht fliegen. Die Hummel weiß das aber nicht – sie fliegt einfach.«

Mary Lay Ash

Gründerin von Mary Kay Cosmetics

Sie kündige ihren Job, als sie bei einer Beförderung eines Mannes übergangen wurde, den sie selbst ausgebildet hatte. Das war das Initial für eine starke Geschichte: Kurz nach dem tödlichen Herzinfarkt ihres Ehemannes gründete sie mit ihren Ersparnissen von 5000 Dollar ihr erstes Kosmetikgeschäft. Daraus wurde ein internationaler Konzern, der in mehr als 40 Ländern vertreten ist. Mary Lay Ash gilt als eine der erfolgreichsten Unternehmerinnen in der amerikanischen Geschichte.

Sie baute ihren Konzern nicht nach den Regeln des Wettbewerbs auf, sondern folgte diesen Leitlinien:

Erstens: Erst die Familie, dann die Karriere.

Zweitens: Behandle andere Menschen in jeder Situation so, wie du behandelt werden möchtest.

Drittens: Gebe den Menschen (Mitarbeitern) das Gefühl, wichtig zu sein. Betone das Positive.

Ihre Maxime: Ein Ziel braucht nicht nur Antrieb, sondern auch ein Ideal. Denn sonst wäre alles sinnlos.

Schuld: Blütenweiß gibt es nicht

Es ist wunderbar, dass es Schuld gibt. Die Schuld sagt uns, dass wir normale Menschen mit normalen Emotionen, Wünschen und Fehlern sind. In diesem Chaos und in diesem Komplex unseres Lebens kann nicht alles glattlaufen. Das ist schlicht und einfach nicht möglich. Aber was bedeutet das?

»Oh, sorry, mein Fehler!« Schnell daher gesagt, wenn es um Kleinigkeiten geht. Nichts Ernstes, ein Lapsus, eine Unachtsamkeit, ein Versäumnis. In den kleinen Dingen des Lebens können wir leicht sagen, ach ja, das ist mir passiert, das ist meine Schuld. Ein betrunkener Autofahrer, der einen Unfall verursacht, würde kaum sagen: »Oh sorry, mein Fehler.«

Eine wirkliche Schuld betrachten wir dagegen wie schwerste Mühsal an Seele und Herz, es trifft unser »Ich« mit brutaler Schärfe. Kein Ausweichen, kein Relativeren oder Schönreden. Ich war es! Nur abgebrühte Charaktere haken das rasch ab. Sie entwerten dadurch ihr Leben. Denn nicht die Schuld macht aus dem Menschen eine Unart, sondern der Umgang mit der Schuld.

Um eine Schuld zu ertragen und sie zuzugeben, müssen wir wissen, was das im Innersten für uns bedeutet. Es bedeutet, dass wir uns frei machen für die Verantwortung. Wer die Freiheit hat, etwas so oder so zu machen, hat auch die Verantwortung für ihre Folgen. Es gibt keine Freiheit ohne Verantwortung.

Die Verantwortung anzunehmen, ist zutiefst menschlich. Es gibt kein anderes Lebewesen, dass dazu in der Lage wäre. Dieses Privileg mag uns nicht froh machen, aber es zeigt doch, dass wir bewusst Gutes bewirken können, indem wir einen Nachteil mit Worten oder Taten heilen.

Etwas wieder gutzumachen, bedeutet nicht nur, Verantwortung zu übernehmen, sondern darin offenbart sich auch der Respekt vor denjenigen, die durch eine Schuld den Schaden erlitten haben. Kratzer am Auto, Rufmord, Gerüchte, Mobbing, Diebstahl – die ganze Litanei menschlicher Fehlbarkeit. So ist das Leben.

Was Schuld genau ist, hängt nicht nur von unserem Rechtsempfinden und gesundem Menschenverstand ab, sondern auch davon, welches Bild wir uns von sittlichen und moralischen Pflichten machen. Da können wir uns schon mal schuldig fühlen, obwohl wir es gar nicht sind. Wer mit einer bestimmten Moral aufwächst, wird sie womöglich nicht mehr los, obwohl sie unfrei macht. Diese Unfreiheit schnürt unser Leben ein und führt zu permanenter Unterwerfung. Sie geht an unsere Substanz. Sie führt zu Selbstzweifeln und Angst – Folterinstrumente gegen jede Vernunft.

Schuld. Weil sein Wortsinn uns so völlig negativ erfasst, suchen wir die Schuld gerne bei anderen. Beziehungsweise: Weil die anderen so richtig schuldig sind – Mörder, Diebe, Betrüger -, handelt es sich bei uns um eine lächerliche Kleinigkeit. Deshalb ist die Anklagebank auch ein wunderbares Psycho-Stück, um von sich abzulenken.

Allein das Wort Strafjustiz schafft Distanz und Respekt. Es drückt Strafe und Strenge aus, wohl kaum Freispruch und Freiheit. Strafrecht riecht nach Schuld und Sühne, es elektrisiert die Menschen, weil es soziale Distanz schafft. Es unterteilt die Menschen in Gut und Böse. Die Guten haben das angenehme Gefühl, zu den Anständigen zu gehören. Ständig moralisieren die Menschen, und diese Moral braucht einen Schuldigen.

Das Schlüsselloch kann gar nicht groß genug sein, um hinein zu blinzeln, in eine unheimliche, ehrenrührige Welt. Die *andere* Schuld aktiviert Häme und Übermut, da kann der Stinkefinger gar nicht lang genug sein. Die Selbstgerechtigkeit triumphiert, das Ego feiert Party.

Die Staatsanwälte wissen natürlich, dass das Interesse der Menschen für den Beschuldigten in den meisten Fällen Scham, Defensive und Imageverlust bedeutet. Das Stigma des Rechtsbrechers und die Angst vor dem Verlust von Anerkennung und Reputation wirken wie gefährliches Gift. Selbst starke Persönlichkeiten, die wir als

Leistungs- und Meinungsträger wahrnehmen, können daran zerbrechen. Das geht rasant und kann jeden treffen.

Es sind unsere durchtrainierten Vorurteile, zunächst einmal die Schuld eines Menschen zu sehen und nicht so sehr seine Unschuld. Der legendäre Spiegel-Gerichtsreporter Gerhard Mautz hat mal den nachdenklichen Satz ausgesprochen: Dem Deutschen liege es nicht, für einen anderen einzutreten, lieber klage er an, am liebsten richte er.

Damit entwerten wir uns. Die Schuld anderer Menschen macht uns nicht gerechter, sorgenvoller, liebender.

Scheitern: halb so schlimm

Moment mal. Gerade ging es um Schuld, jetzt um das Scheitern. Das ist doch das Gleiche? Wer sich schuldig macht, der ist gescheitert, das ist schon klar. Dem Scheitern geht aber nicht unbedingt eine Schuld voraus. Ich möchte das genauer erklären.

Wenn wir von Scheitern reden, meinen wir häufig einen beruflichen Anlass. Dann sei bitte besonders vorsichtig, wenn du in der Luftfahrt, Anlagentechnik oder in einem Kraftwerk arbeitest. Dort liegt dein Scheitern sozusagen im Beruf. 60 bis 80 Prozent aller Unfallursachen gehen dort auf einen menschlichen Fehler zurück, schätzen Experten.

Aber was ist Scheitern?

Woran denkst du ganz spontan, wenn du das Wort »scheitern« hörst?

Und noch eine Frage: Welches Scheitern verzeihst du? Das sagt sehr viel über dich selbst aus.

Scheitern hat das Zeug zu großen Tragödien. Um sich das vor Augen zu halten, eignet sich Japan schrecklich hervorragend.

Japan, die drittgrößte Volkswirtschaft der Welt, hat die höchste Selbstmordrate der Welt.

10 bis 20 Prozent aller Notaufnahmen in japanischen Krankenhäusern sind gescheiterte Selbstmordversuche.

Die meisten Selbstmorde passieren nach Abschluss des Geschäftsjahres.

Scheitern ist aber natürlich nicht nur eine berufliche Angelegenheit, sie verfolgt uns im täglichen Leben auf Tritt und Schritt. Mal klein, mal groß, aber präsent.

»Ich bin gescheitert.«
»Peinlich. Darüber rede ich nicht.«

So oder so ähnlich drücken sich Menschen aus, die sich davor drücken, mit dem Scheitern ehrlich-offensiv umzugehen.

Das Schöne am Scheitern ist, dass davor fast kein Mensch verschont bleibt. Aber allein das Wort »verschont« trifft den Kern nicht. Vielleicht wäre dieser Mensch glücklicher geworden, wenn er doch einmal gescheitert wäre. Er hätte dann über sich nachdenken müssen. Er hätte vielleicht etwas ganz Anderes gemacht und stellt fest, dass er damit viel glücklicher ist. Wer immer nur in einer Spur bleibt, fährt zwar immer geradeaus, aber gibt es nicht auch spannende Umwege?

Jürgen Geißlnger musste nach 15 Jahren an der Spitze des Schaeffler-Konzerns seinen Platz räumen. Der Spitzenmanager erfüllte danach seinen Traum und kaufte sich einen Bauernhof mit ein paar Hektar Wald und Wiesen. Geißinger fühlt sich nicht als Gescheiterter. Er fühlt sich als Sieger über sein Leben.

Walt Disney gründete eine Firma, ging pleite, gründete noch eine Firm für Zeichentrickfilme, dann wollte keiner mehr Zeichentrickfilme anschauen, die Branche ging den Bach herunter, und da erfand er die Zeichentrickfigur Micky Maus, und damit ging es wieder voran.

Scheitern heißt: Steh auf und mach weiter.

Ein gewisser Frank McNamara hatte 1950 in einem Restaurant lecker gegessen, aber sein Geld vergessen. Seine Frau musste es zu Hause holen – während der Warterei hatte er eine zündende Idee: Er erfand die Kreditkarte.

Roland Girtler sah sich schon als verkrachte Existenz. Er hat sein Jura-Studium verbummelt und erlitt dann auch noch einen schweren Motorradunfall. Sein Bettnachbar, ein Zuhälter, munterte ihn auf. Das führte zu neuen Sichtweisen. Er studierte Völkerkunde und Urgeschichte und wurde in Österreich ein schillernder Professor für Soziologie.

Nicht jeder Gescheiterte kann sich einen Bauernhof kaufen, eine unternehmerische Idee entwickeln und an der Uni noch einmal durchstarten. Diese Beispiele machen aber deutlich, dass im Scheitern eine Chance liegt.

Wir können mit dem Scheitern reifen und unsere Strategien für das Leben schärfen oder grundsätzlich über das Leben nachdenken. Diese harten Momente haben es in sich.

Gibt es überhaupt ein Leben ohne Scheitern Kennst du Menschen, bei denen alles glattläuft?

Dieser Glattläufer erlebt viele Stürze, nur bekommst du davon nichts mit. Ehekrisen. Einsamkeit. Drogensucht und so weiter und sofort.

Was ist das Schlimmste, was dir beim Scheitern passieren kann? Dass du deine Würde verlierst!

Nehme dein Schicksal an.
Akzeptiere das Unvermeidliche.

Stehe zu deinen Fehlern.
Vermeide Selbstmitleid.

Gehen wir doch einmal der Frage nach, warum wir scheitern.

Der erste Grund ist eine Frage des Zeitgeistes.

Die wesentlichen wirtschaftlichen und gesellschaftlichen Veränderungen sind geprägt durch Schlagworte wie »Lebensqualität« und »Gerechtigkeit«.

Wer in einem dieser Bereiche patzt oder bei einem Vorwurf nicht sofort seine »Unschuld« beweisen kann, bekommt Probleme

Der zweite Grund: Wir sind ungeduldig.
Die Menschen brauchen Geduld.
Sie müssen die Dinge langsam aufbauen, einen Schritt nach dem anderen machen.
Wir wünschen uns, dass es schneller geht.
Wir wollen rasch den großen Erfolg.
Aber so funktioniert das nicht.
Wir müssen jeden Tag kleine Fortschritte machen.
Jede kleine Anstrengung ist die Grundlage für den nächsten Tag und so geht das immer weiter.

Der dritte Grund: Wir haben eine zu große Klappe.
Die geringste Handlung ist besser als die größte Absicht.
Ich habe nichts gegen Fantasterei. Aber sie darf uns nicht verführen, sie soll uns zu einer großartigen Idee hinführen.

Der vierte Grund: Wir sind eitel.
Die überzogene und penetrante Eitelkeit macht einsam, weil sie das »Ich« gegenüber anderen penetrant überbetont. Ich glaube, dass Eitelkeit immer nur auf Kosten anderer Menschen funktionieren kann. Denn die Eitelkeit will sich vergleichen und dann feststellen, wer der Beste ist. Die Verlierer – das sind die anderen – ziehen sich dann zurück.

Der fünfte Grund: Wir wollen uns nicht ändern.

Du kennst diese Sprüche:

»Ich kann mich nicht verbiegen.«

»Ich will meine Ecken und Kanten nicht verlieren.«

»Ich möchte authentisch bleiben.«

Das sind Ausreden, um in der Spur der Bequemlichkeit zu bleiben.

Der sechste Grund: Wir wollen retten, was zu retten ist. Häufig wollen wir nicht einsehen, dass etwas nicht geklappt hat, und machen dann zu lange weiter, bis das Elend da ist. Nach jedem Rückschlag verdoppeln wir unseren Einsatz, um es doch noch zu schaffen. Und es klappt doch nicht.

Der siebte Grund: Nicht in jedes Fettnäpfchen treten.

Jede sachliche Meinung muss erlaubt sein, aber es gibt heikle Themen, bei denen wir wissen sollten, was uns mit ihnen blühen kann. Die Super-Fettnäpfchen liegen in diesen Bereichen:

- Schicksalsschläge (Tod, Krankheit, Arbeitslosigkeit)
- Moralische Fragen (Erotik, Abtreibung)
- Glauben (Religionsgemeinschaften)
- Minderheiten (Behinderte, Ausländer, Hautfarbe)

Der achte Grund: Kettenreaktionen.

Wenn ein Mensch scheitert, dann scheitert er auch deshalb, weil andere scheitern. Da gibt es eine negative Kettenreaktion. Wir werden quasi mitgerissen und können uns aus dem Strudel nicht befreien.

Der neunte Grund: kein Respekt vor Werten.

Es gibt unumstößliche Regeln für ein vernünftiges Miteinander. Dazu zählen Toleranz, Einsicht und

Verantwortung. Um es anders zu sagen: Nur Wert schafft einen neuen Wert. Wer das nicht so sieht und sich durchmogeln will, geht unter. Es ist – hoffentlich – auf Dauer nicht möglich, sich mit einem Unwert »oben« zu halten.

Der zehnte Grund: Scheitern aus Starrsinn.
Wenn wir aus Fehlern nicht lernen wollen und jeden gut gemeinten Rat als empörende Einmischung betrachten, führt das zu keiner erhellenden Situation. Der Fehler hat nur den Sinn, daraus zu lernen.

Der elfte Grund: Wir sehen die Alarmzeichen nicht.
Wir können den Kurs nicht ändern, wenn wir keine Krise sehen. Wir neigen dazu, Alarmsignale zu überhören, weil sie unangenehme Konsequenzen mit sich bringen. Eine Krise verlangt von uns, dass wir uns der Krise stellen. Das geht nur, indem wir den Ursachen auf den Grund gehen.

Der zwölfte Grund: Scheitern nicht wegen der Krise, sondern wegen des Umgangs mit dieser Krise. Es ist doch häufig so, dass sich aus einer Banalität ein dickes Problem entwickelt, weil wir charakterlich oder emotional der Situation nicht gewachsen sind.

Wie reagierst du in einer komplizierten Situation?

– Gibst du nach?
– Ignorierst du?
– Hörst du weg?
– Belehrst du?
– Bist du ein Dickkopf?

- Wirst du schnell wütend?
- Bist du geschockt?
- Kannst du dich schnell sammeln?
- Behältst du den Überblick?
- Kannst du Schläge einstecken?
- Bist du ein Sensibelchen?
- Bist du ein Schweiger?

Krisenmanagement ist wie Theater, es spielt sich ab zwischen Drama und Komödie. Welche Rolle spielst du? Bist du die verzweifelte Tosca oder der listige Hauptmann von Köpenick? In Giacomo Puccinis Oper möchte die Sängerin Floria Tosca nur für die Kunst und die Liebe leben, und gerät trotzdem gegen ihren Willen in einen Strudel politischer Ereignisse und Intrigen, die ihr Leben zerstören. Es gelingt ihr nicht, das Leben ihres Geliebten zu retten – sie flüchtet selbst in den Tod.

Wie tragisch – und wie komödiantisch dagegen der arbeitslose Schustergeselle Wilhelm Voigt, der mit einer geliehenen Soldatenuniform als Hauptmann von Köpenick die Autoritäten narrte, um nach seiner Haft aus einem Teufelskreis der Bürokratie herauszukommen. Ohne ordentliche Abmeldung findet er nirgends Arbeit, ohne Arbeitsnachweis erhält er keine Anmeldung. Mit der Autorität eines – fingierten – Hauptmanns möchte er sich nun die nötigen Papiere besorgen.

Die »Psychologie des Erfolges« besteht darin, die Krise offensiv anzunehmen. Sie ist nun mal da und muss gelöst werden. Ich unterscheide zwischen diesen Krisen:

- Die Hoppla-Hopp-Krise kommt wie aus dem Nichts, sie ist schnell und wirkt sofort.

- Die Schleichkrise kommt langsam, so langsam, dass man sie nicht ernst nimmt. Aber sie erreicht ihr Ziel.

- Die Gewöhnungskrise ist einfach da, sie wirkt vertraut, als gehöre die permanente, negative Unruhe zum Erscheinungsbild.

- Die Schockkrise kündigt sich langsam an, schlägt dann mit zerstörerischer Wirkung zu.

- Die Zickenkrise lähmt die Rationalität, sie ist berechnend, handelt aber unberechenbar. Erst durch dieses Verhalten entsteht aus einer negativen Situation eine Krise.

- Die Ankündigungskrise: Sie sitzt in den Startlöchern und wartet jetzt nur noch auf den Startschuss. Wir wissen also, dass etwas passieren kann, es ist nur noch eine Frage der Zeit.

8. Wenn das Leben lügt

Ernst des Lebens: erdachte Strenge
Sicherheit: Angst vor der Angst
Zeit: zwischen beliebig und notwendig
Konjunktiv: trauriger Blick zurück
Müssen: Leben im Hamsterrad
Narr: falsche Geschichten

Weil Schlangen ihr ganzes Leben wachsen, müssen sie ihre Haut von Zeit zu Zeit häuten. Wir Menschen wachsen anders. Mit unserem Denken, unseren Erfahrungen und Emotionen. Das ist unsere »Häutung«. Weil sich alles verändert, verändern wir uns auch. Aber was passiert, wenn wir stehen bleiben? Die Folgen können wir an Menschen ablesen, die sich für unangreifbar halten, weil sie bisher immer Erfolg hatten. Wer die Gesetze der Veränderungen nicht versteht und sich nicht anpassen kann, geht unter.

Trau-Dich-Impuls

»Geht nicht, gibt's nicht.
Es geht so nicht, das gibt es.«

Artur Fischer
Unternehmer und Erfinder des Dübels

Mit der Erfindung des Dübels wurde er wohl zu Deutschlands bekanntesten Erfinder. Außerdem zählt er mit mehr als 1100 Patenten zu den produktivsten Erfindern der Welt. Er hatte das Glück, dass ihn seine Mutter ermunterte, neugierig und kreativ zu sein. So baute er mit acht Jahren einen

---

Hubschrauber aus Holz und wunderte sich anschließend, dass er nicht fliegen konnte. Seine Mutter sagte ihm: »Heute hast du etwas gelernt. Nämlich, dass ein Hubschrauber nicht fliegt, wenn du ihn auf diese Weise baust.«

Ernst des Lebens: erdachte Strenge

Der »Ernst des Lebens« ist eine nichtssagende Redewendung.

Millionen von Kindern müssen sich an ihrem ersten Schultag diesen Spruch anhören. »Jetzt beginnt der Ernst des Lebens.«

Vorher war das Leben ein Kinderspiel, aber jetzt, mit der Schultüte in der Hand, ist alles komplett anders. Das Leben hört nicht mehr auf, ernst zu sein.

Kein Lächeln im Gesicht des Lebens. Ein ernstes Leben darf nicht lächeln. Es muss streng aussehen. Der Ernst nimmt das Leben nicht auf die leichte Schulter. Das Leben ist nicht leicht, es ist ja schwer. Der Ernst ist kein Leichtgewicht, er ist ein fetter Kerl, der uns wegdrückt und ausquetscht, damit uns die Freude am Leben vergeht.

Der Ernst passt auf, dass wir nicht leichtsinnig werden. Das Leben verträgt keinen leichten Sinn, alles muss schön schwer und beladen sein, sonst würden wir ja abheben und somit unsere Standfestigkeit verlieren. Das treibt uns jede Gelassenheit aus. Dieser freche Frohsinn, das Leben frohlockend anzugehen, ist viel zu gefährlich. Wir könnten abrutschen und dann den Weg des Lebens nicht mehr finden. Denn das Leben ist kein Kinderspiel.

Der Ernst kommt in unser Leben, um uns Angst zu machen, was nicht alles passieren kann. Ja, es gibt Risiken wie Krankheiten, Entlassungen oder Unfälle, aber mit gesundem Menschenverstand ist schon viel gewonnen. Entscheidend ist, dass wir bewusst leben. Allein daraus ergibt sich schon, dass wir aufpassen, ohne in ständiger Angst vor der Angst zu verfallen. Und was sich unvermeidlich ereignet, ist Schicksal. Gewiss, eine ernste Angelegenheit, aber nicht der Ernst unseres gesamten Lebens.

Sicherheit: Angst vor der Angst

Police ist nicht nur das englische Wort für Polizei, sondern auch ein deutscher Ausdruck für einen Versicherungsschein. Die Polizei in uns sorgt für Absicherung, damit unser Leben sicher bleibt gegen allerlei Unabwägbarkeiten. Viele Menschen wissen gar nicht mehr, wofür sie alles versichert sind, irgendwann einmal ging die Angst los, und dann wurde die und die und die Versicherung abgeschlossen.

Angst ist der Treiber für überhöhte Sicherheit. Hätten wir keine Angst, müssten wir uns auch nicht bedroht fühlen. Also: absichern! Dass wir die Kernrisiken unseres Lebens im Blick behalten und uns schützen, ist nur vernünftig. Doch diese Vernunft bezieht sich auf materielle Absicherung und ärztliche Versorgung.

Und dann? Das Leben ist kein Versicherungsschein. Alles, was theoretisch passieren kann, passiert irgendwann einmal. Vielleicht sind nicht wir betroffen, sondern ein Nachbar oder Arbeitskollege. Dann staunen wir und sind erschrocken, und hoffen natürlich, dass uns das nicht passiert. Da werden Reflexe trainiert. Typische Situation: Ein vertrauter Mensch wird schlimm krank, prompt gehen wir zum Arzt und lassen uns durchchecken. Das Problem des Anderen machen wir dann zu unserem Problem. Handeln! Absichern! Sich sicher fühlen!

Das Leben ist raffinierter. Es kommt, wie es kommt. Wir sollten dem Leben mehr Vertrauen schenken. Vertrauen ist eine Methode, die das Leben leichter macht. Misstrauen ist dagegen sehr anstrengend. Wer ständig das Gefühl hat, er wird übers Ohr gehauen oder er misstraut grundsätzlich einer günstigen Fügung seines Schicksals, befindet sich permanent in einem überdrehten Sicherheitsbedürfnis.

Zeit: zwischen beliebig und notwendig

»Ach, tut mir leid, ich habe keine Zeit.« Wer das sagt, dem möchte ich gerne zurufen: »Dann nimmt dir doch Zeit.« Die Zeit hat alle Zeit der Welt. Sie lässt sich nicht aus der Ruhe bringen. Nehmen wir uns doch daran ein Beispiel. Dann klappt es auch besser mit den Sekunden, die uns durchs Leben führen.

Ach ja, wenn es denn so einfach wäre. Ein Blick auf die Uhr: »Ach, schon so spät. Die Zeit rennt mal wieder.« Die Zeit rennt nicht, wir rennen gegen den Zeiger an, um alle Pflichten des Tages zu schaffen. Hoffentlich aber unterscheiden wir dann zwischen dem Allerlei und dem Notwendigen. Der Zeit ist es völlig egal, wie du sie nutzt. Sie lässt sich von niemandem aufhalten.

Manager und Politiker sagen sehr gerne, dass sie leider viel zu wenig Zeit für die Familie hätten. Sie zerreißen sich in 14-Stunden-Tagen für Firma und Partei. Wer so mit der Zeit umgeht, nimmt sich zu wichtig und setzt keine Prioritäten. Kein Mensch kann sich 14 Stunden hundertprozentig für eine Aufgabe konzentrieren. Die Anzahl der Stunden sagt eben nichts darüber aus, wie gut oder schlecht wir arbeiten.

Es gibt eine weitere Gruppe, die ein gestörtes Verhältnis zur Zeit haben: Menschen, die immer zu spät kommen. Wer zu spät kommt, lässt andere warten. Dieser Zeit-Diebstahl ist unhöflich. Interessant sind die Gründe für das Zuspätkommen: Der Bus hatte Verspätung, ich konnte das Telefongespräch nicht plötzlich beenden und so weiter und so fort. Das sind keine erklärenden Argumente, sondern Ausreden. Es ist halt so, dass für den pünktlichen Menschen eine Minute gefühlte 58 Sekunden hat und für den unpünktlichen Menschen gefühlte 115 Sekunden. Deshalb ist er eine immer pünktlich und der andere immer unpünktlich.

Konjunktiv: trauriger Blick zurück

Hätte! Hätte ich doch! Unsere Hätte-Welt ist ein verdammtes Luder. Noch schlimmer. Hinterlistig. Gerissen. Sie mischt sich ungeniert in die Tatsachen-Welt hinein, will im Nachhinein alles besser wissen.

Hätte: Dieses Wort zwingt uns zur Rückschau und ein Bedauern zuckt durch unseren Körper. Wir haben eine

Gelegenheit oder eine gute Entscheidung verpasst. Verpassen passiert schon mal. Daran kann auch ein Hätte nichts mehr ändern. Aber wir fühlen uns vergrault und ärgern uns, dass wir uns offenbar falsch entschieden haben. Hätte ich das anders gemacht, dann hätte ich eine richtige Entscheidung getroffen. Aber wer behauptet das?

Ständig entscheiden wir uns. Ja oder nein, es gibt keinen entscheidungsfreien Raum. Im Moment der Entscheidung handeln wir im Sinne einer praktischen oder emotionalen Vernunft. Und das ist auch nur logisch, weil wir es gut mit uns meinen. Wenn wir dann später feststellen, dass ein Hätte besser gewesen wäre, nutzt es nichts. Aus und vorbei.

Aber dadurch werden wir vielleicht wachsamer. Nichts anderes lehrt die Erfahrung.

Müssen: Leben im Hamsterrad

Müssen. Das ist Pflicht. Kein Ausweg. Keine Fluchtmöglichkeit. Freiheitsberaubung. Das Müssen nimmt uns die Freiheit, es anders und gar nicht zu machen.

Stopp!

Wir machen lauter Dinge, die wir glauben, machen zu müssen. Wir folgen damit einer Gewohnheit und entwickeln daraus eine Routine. Müssen. Müssen. Müssen. Ich möchte nur daran erinnern, dass das Hamsterrad nicht für Menschen erfunden wurde, um sich am Müssen abzuarbeiten, sondern für die kleinen Tierchen, damit sie ihren Bewegungsdrang ausleben können.

Natürlich müssen wir jeden Tag Aufgaben erledigen, darin liegt eine leidige Pflicht, aber was ist denn wirklich jetzt und gleich und überhaupt notwendig? Darum geht es. Vor lauter Müssen verkleinern wir unsere Kreativität. Wenn wir nicht mehr aus etwas schöpfen können, weil immer irgendetwas Anderes wichtiger ist, wird unser Leben träge und langweiliger. Die Spannkraft für Neugierde und Aufbruch lässt nach.

Von Managern heißt es, sie müssten jeden Tag hunderte wichtige Entscheidungen treffen. Mein Gott, diese armen Menschen. Wie schaffen die das nur? Sie schaffen es nicht wirklich, sie geben nur den Anschein, weil sie glauben, dass Führung darin besteht, die eigene Unentbehrlichkeit zu vermitteln.

Das Müssen-Karussell

Du musst. Du musst immer müssen – nein, nicht wirklich!

Narr: falsche Geschichten

Narrative sind Geschichten, die wir uns erzählen oder weiter erzählen, weil wir denken, sie sind wahr. Wenn wir zum Beispiel von Kindesbeinen hören, dass alle Rothaarigen besonders intelligente Menschen sind, dann sind sie halt intelligent. Wir kommen gar nicht auf die Idee, das infrage zu stellen.

Das Narrativ ist ein Narr. Er verspricht uns Plausibilität, aber das ist für ihn nur ein Spiel. Ein Spiel, das uns Gewissheit verleiht, ein Spiel, das wir immer gewinnen. Denn wir wissen ja nicht, ob wir falschliegen. Wir narren uns damit permanent.

Wenn die Kölner behaupten, dass Düsseldorf eine Schickimicki-Stadt ist, dann wird das wohl stimmen. Ach, die Düsseldorfer mit ihrer Kö! In diese Aussagen mischen sich Vorurteile, Werte, Emotionen und so weiter und so fort. Hauptsache, das Bild, das wir uns machen, gibt uns ein gutes Gefühl. Wenn Düsseldorf also abgehoben ist, dann sind Kölner es eben nicht. Deshalb muss Düsseldorfer für ewig eine Schickimicki-Stadt bleiben.

9. Klimmzüge für das Leben

»Denk doch nicht immer um fünf Ecken.« Wie häufig haben wir das schon gehört. Das soll heißen, sei nicht so kompliziert, denk geradeaus, dann geht auch vieles einfacher. Was alles durch unsere Köpfe geistert! Wohin damit? Entrümpeln! Es geht genau darum, festzustellen, was wesentlich ist. Auf den Kern kommt es an.

Zufriedenheit: stärker als Glück
Sinn: lauernder Funken
Einzigartigkeit: Typ statt Schablone
Stolz: feine Freude
Gnade: Herz statt Kopf
Berufung: Weiche statt Schiene
Freiheit: wahrhaftig leben
Weisheit: wahrhaftig erkennen
Scham: wahrhaftig fühlen
Selbstbestrafung: der große Zwerg

Trau-Dich-Impuls

»Die Entscheidung, weder einem System noch den Regeln von anderen zu folgen, hat es mir ermöglicht, herauszufinden, was meine Stärken und Begabungen sind, ohne das Gefühl zu haben, müde zu sein oder Zeit zu vergeuden.«

Ishita Gupta
Gründerin vom »Fear.less« Magazin.

Sie wollte Ärztin werden, entschied sich aber für ein sechsmonatiges Uni-Programm, um zu verstehen, wie Unternehmer denken und handeln. Diese sechs Monate waren

---

eine der besten und härtesten Erfahrungen ihres Lebens. Sie lernte, der Angst nicht davonzulaufen, weil sie Vertrauen, Kraft und Leidenschaft blockiert.

Zufriedenheit: stärker als Glück

Im Wort Zufriedenheit versteckt sich das Wort Frieden. Komm schon raus aus deinem Versteck, wir brauchen dich. Du machst uns stark. Zufrieden sein zu können, ist wohl eines der größten Geschenke, die wir uns selbst machen können. Darin wirkt eine Gelassenheit, die uns frei macht von falschen Verlockungen und Absichten.

Zufrieden zu sein bedeutet, sich anzunehmen, statt sich zu bedauern, weil ich dies oder das nicht kann, weil der andere schneller, schöner, reicher, klüger ist – oder sonst noch etwas. Wow, das bin ja ich!

Die Unzufriedenen finden immer etwas Negatives. Die Zufriedenen finden immer etwas Positives. Wer mehr verlangt, als er erreichen kann, wird unglücklich. Das ist nur logisch, aber warum versteht es der Unzufriedene nicht? Logik und Seele passen nicht zueinander. Zufriedene Menschen motivieren und verfallen nicht wegen jedes kleinen Fehlers in trübe Stimmung.

Instinktiv machen wir einen großen Bogen um unzufriedene Menschen, weil wir deren schlechte Laune nicht ertragen können. Es ist eben schwierig, damit umzugehen und sich davon nicht anstecken zu lassen.

Jeder von uns hat sicherlich schon mal einen penetrant unzufriedenen Chef erlebt. Er fordert Leistung, ist aber selbst durch seine negative Art ein großer Leistungszerstörer. Er zerstört die Moral der Mitarbeiter und das wiederum führt zur bewussten oder unbewussten Leistungsverweigerung. Die Folge: mehr Fehler, höhere Krankenstände und innere Kündigung.

Gewiss: Unzufriedenheit kann dann einen positiven Wert schaffen, wenn sie zu neuen Einsichten führt. Wenn etwas in uns hakt und kratzt, und wir diesem »Ungeheuer« an den Kragen gehen, machen wir uns frei. Das schafft Zufriedenheit.

Sinn: lauernder Funken

Führst Du ein sinnvolles Leben?
Diese Frage könnte ich vielleicht besser einem Mönch stellen als dir. Ein Mönch hat natürlich sofort eine Antwort parat, weil er den Sinn seines Lebens auf Gott bezieht. Diese strenge Fokussierung haben wir in unserem Leben nicht. Glaube und Sinn sind ohnehin ein heikles Thema.

An der Bedeutung des Sinns haben sich Heerscharen schlauer Leute abgearbeitet. Ich werde daraus nicht so recht schlau, weil Sinn einfach zu privat ist und es dafür keine wissenschaftliche Formel geben kann.

Aber natürlich habe ich eine Vorstellung von Sinn. Ich sage es so: Wenn ein Mensch immer wieder in den Tag hineinlebt, wie gestern und vorgestern, und hierbei nichts Beglückendes feststellt, lebt er ein Leben ohne Sinn.

Es ist ein wunderbarer Sinn, ein Kind auf die Welt vorzubereiten.
Es ist ein wunderbarer Sinn, auf sich zu achten, um zu verstehen, wohin sein Leben führen soll.
Es ist ein wunderbarer Sinn, ein erfüllendes Hobby zu pflegen.

Der Sinn kennt keine Beliebigkeit. Der Sinn ist konkret. Schenken, stiften, aufgehen, engagieren, entsagen, dienen, pflegen, huldigen.

Die Tragödie der Sinnlosigkeit erleben sehr viele Menschen in ihren Berufen, weil ihnen die Tätigkeit keine Berufung schenkt oder das Umfeld nur noch zum Weglaufen ist.

Kann eine Putzfrau mit ihrer Arbeit glücklich sein?

Die FAZ am Sonntag (20. April 2014) interviewte den Ungar Mihály Csíkszentmihályi – einer der bekanntesten Glücksforscher der Welt – zum Sinn der Arbeit und der Frage, ob man als Arbeiter oder Putzfrau im Beruf glücklich sein könne? Seine Antwort: »Ja.« Seine Begründung: »Es gibt Menschen, die haben Techniken entwickelt, die ihnen helfen, selbst die simpelsten Tätigkeiten zu genießen. Wir haben zum Beispiel einmal Frauen befragt, die in Kliniken putzten. Wenn sie ihre Arbeit beschreiben sollten, sagten die meisten: »Ich wasche die Bettpfannen, ich wische den Boden, ich bringe neue Bettwäsche.« Aber einige wenige sagten: »Ich bin dafür da, dass es den

Patienten bessergeht. Sie fühlen sich besser, wenn der Raum sauber ist und das Bad gut riecht.« Diese Frauen hatten jeden Tag das Gefühl, die Menschen glücklich zu machen, und versuchten, das bestmöglich zu tun. Mit dieser Einstellung konnten sie fast so engagiert sein wie die Chirurgen. Und genau solche Glücksmomente erleben.«

Schau Dir einmal deinen Chef an. Hast du den Eindruck, er weiß wahrhaftig, wofür er arbeitet? Ist das eine komische Frage? Ist die Antwort nicht völlig klar? Nein!

Ich erlebe in Gesprächen mit Managern immer wieder, dass sie den Sinn ihrer Arbeit darin sehen, gute Gewinne einzufahren. Das ist ein falscher Sinn. Das ist Unsinn.

Denn der Gewinn ist ein Zweck, damit das Unternehmen bestehen kann. Es ist nicht deshalb erfolgreich, weil es hohe Gewinne ausweist, sondern Kunden mit einer überlegenen Leistung begeistert. Es gibt keine Unternehmen ohne Kunden. So einfach ist das. Auf den Kunden kommt es an. Er ist nicht Schiedsrichter des Marktes, sondern handelt brutal egoistisch nach seinen Interessen.

Und dann frage ich die Manager weiter.

Warum gibt es ihr Unternehmen?
Warum brauchen die Kunden ihr Unternehmen?
Was wäre, wenn es ihr Unternehmen nicht mehr gäbe?

Darauf bekomme ich meistens Allerweltsantworten, bei denen der Kunde so gut wie keine Rolle spielt. In solchen Unternehmen droht die Abwärtsspirale. Das sind

Unternehmen, die sich mit Nachmacherei und Rabattaktionen zunächst über Wasser halten, bis der letzte Kunde merkt, dass er dessen Produkte oder Dienstleistungen nicht benötigt.

Warum verlieren Unternehmen Marktanteile?

Warum verschwinden traditionsstarke Unternehmen vom Markt?

Warum scheitern Fusionen?

Warum bekommen Unternehmen nicht die besten Bewerber?

Warum gibt es Vorschrift nach Dienst?

Warum wirken Unternehmen schlapp und müde?

Weil diese Unternehmen die Arbeit nur noch verrichten. Verrichten ist eine Hinrichtung an den Sinn der unternehmerischen Schaffenskraft. Wer keine Vorstellung von der Zukunft hat, laviert und laboriert. Er verrichtet sich in die Überflüssigkeit.

Um das einmal banal zu sagen: Es macht keinen Spaß, in solchen sinnlosen Unternehmen zu arbeiten. US-amerikanische Wissenschaftler haben herausgefunden, dass ein Mitarbeiter, der täglich zur Arbeit kommt, aber seine volle Leistung nicht erbringt, negativere Folgen für die Produktivität hat als ein Mitarbeiter, der krank zu Hause bleibt.

Einzigartigkeit: Typ statt Schablone

Jeder Mensch hat statistisch gesehen sieben Doppelgänger auf der Welt. Aber das ist nur ein äußerlicher Aspekt. Der Mensch hat keine Kopien. Jeder Mensch ist ein Original. Der Mensch macht den Unterschied. Menschen.

Menschen. Menschen. So viele Menschen. Da spürt mancher Mensch schon gar nicht mehr, dass sein eigenes Menschsein einzigartig ist. Er ist es.

Es lohnt sich, darüber einmal nachzudenken. Wenn wir immer nur auf andere schauen und nicht mehr zu uns selbst, verlieren wir uns. Wir machen uns unsichtbar. Um das Leben fundamental zu begreifen, sollten wir unsere Einzigartigkeit verinnerlichen. Es gibt keine unwichtigen Menschen. Wer das erkennt, erweist sich damit die größte Ehre. »Vergleiche dich nicht mit irgendjemandem in der Welt. Wenn du das tust, beleidigst du dich selbst«, sagt Microsoft-Gründer Bill Gates.

Aber wie drücken wir Einzigartigkeit aus? Indem wir für etwas stehen und für etwas einstehen. Klare Kante. Klare Haltung. Ja, auch mal Regeln brechen, die uns irgendwann einmal aufgetragen wurden. Wer sich übermäßig den Normen und Meinungen anderer Menschen unterwirft, verschleiert sich damit. Also weg mit dem Schleier. Zeige dich!

Großartige Unternehmer, Staatsmänner und Künstler verdanken ihre sichtbare Einzigartigkeit nicht nur ihrem Talent oder einer Kompetenz, sondern auch immer ihrem Drang, andere Menschen mit Ideen und Visionen zu führen und zu inspirieren. Mit Anpassung geht das nicht. Anpassung ist Selbstraub. Man beraubt sich selbst mit dem Verzicht auf Wirkung.

Wem das alles zu groß erscheint, dem möchte ich etwas noch Größeres mitteilen. Die wirkliche Einzigartigkeit eines Menschen zeigt sich in seinem konkreten

Menschsein, das uns von Tieren entscheidet. Alles dreht sich um Liebe. Liebe schenken, Liebe erhalten. Darin entfaltet sich die schönste Einzigartigkeit eines Menschen.

Stolz: feine Freude

Der Stolz hat ein schlechtes Image. Er wird gerne mit Arroganz und Prahlerei in einen Topf geworfen. *Der Stolze ist ein eitler Pfau, der sich mit seiner Pracht überlegen fühlt.* Für die katholische Kirche ist Stolz sogar eine Sünde.

Ich mag diese Sünde.

Es ist wunderbar, stolz darauf zu sein, die Prüfung bestanden zu haben.
Es ist wunderbar, stolz darauf zu sein, eine persönliche Krise gemeistert zu haben.
Es ist wunderbar, stolz darauf zu sein, etwas gewagt zu haben.

Stolz zu empfinden und stolz zu sein, schafft ein berauschendes Gefühl – ein Selbstwertgefühl, das uns aus dem üblichen Maß des Lebens herausholt. Ohne diese Emotion wäre unser Leben betrüblicher.

Dumm ist der Stolz nur dann, wenn er hochmütig daher kommt.
Deshalb braucht der Stolz die Demut. Sie sorgt dafür, dass sich überhaupt ein guter Stolz entwickeln kann.

Um also ein rechtes Maß für Stolz zu entwickeln, hilft vor allem Ehrlichkeit. Wer sich einmal ausführlich mit sich selbst beschäftigt und sich hinterfragt, kommt hoffentlich selbst darauf, dass das Bild, das er abgibt, vielleicht eine Fälschung ist. Und da bin ich wieder bei der Demut. Sie kann dem Leben tatsächlich Einsichten vermitteln.

Gnade: Herz statt Kopf

Nachsicht walten zu lassen, also gnädig zu sein, ist die edelste Form der menschlichen Sanftheit. In der Gnade offenbart sich eben nicht ein Zwang, jemanden gütig zu behandeln, sondern eine Freiheit, ebendies zu tun.

Wer die Gnade empfängt, hat irgendeine Schuld auf sich geladen, und diese Schuld soll eben nicht durch ein Recht gesühnt werden. Salopp formuliert geht es bei der Gnade um das Leben und Leben lassen. Jeder Mensch bedarf grundsätzlich der Gnade anderer Menschen. Wenn jeder Makel gesühnt würde, entstünde daraus eine schreckliche Form der Unfreiheit: die Angst.

Nur selbstgerechte Menschen meinen, dass Recht immer vor der Gnade stehen muss. Diese Menschen sind ungenießbar. Der Selbstgerechte käme nie auf die Idee, sich selbst zu kritisieren. Deshalb sieht er Fehler auch immer bei anderen. Im gleichen Maße steigert sich sein Wertgefühl, weil er ja keine Fehler macht.

Solche Typen gibt es in viel zu vielen Unternehmen: Chefs, die ihre eigenen Macken nicht sehen und ihre Mitarbeiter wie Untergebene führen. Mit einem Wort: Despoten. Sie sind in der Lage, ein ganzes Unternehmen über alle Hierarchien wie ein schleichendes Gift zu zerstören.

In Unternehmen dagegen, wo Gnade herrscht, können Mitarbeiter regelrecht aufatmen. Sie dürfen aus Fehlern lernen.

Und das gilt auch für unser Rechtssystem. Der Bundespräsident kann verurteilte Straftäter begnadigen. Gnade vor Recht.

Und das gilt erst recht für unser tägliches Zusammenleben. Gnade ist ein Schmiermittel unseres Lebens.

Berufung: Weiche statt Schiene

Kinder sagen gerne: »Ist mir egal.« Wenn Erwachsene so denken, führen sie ein beliebiges Leben. Sie spüren keine Berufung. Sie haben keine Meinung, keine Idee, erkennen kein Talent. Das Gegenteil von Berufung ist Gleichgültigkeit. Aber ist es dem Menschen überhaupt möglich, keinen Funken, kein Drängen oder Ziehen in sich zu verspüren? Gleichgültigkeit ist unmenschlich.

Richtig: Viele Menschen sind mit ihrem Leben unzufrieden, aber sie verstehen es nicht so recht. Sie dringen nicht zum Problem vor. Das Leben ist so, weil es so ist und so weiter und sofort. Keine Spinnerei. Keine Träumerei. Kein Aufbruch. Sie folgen ihrem täglichen Trott in die Langweile.

Stopp!

Alles hat seine Zeit und jetzt spürst du, dass du eine neue Zeit brauchst. Logisch, wer sich verändert, verlässt seine Komfortzone, geht gewisse Risiken ein, aber so ist das nun mal, wenn man das Leben aus anderen Perspektiven entdecken möchte. Wer sich auf diese Erfahrungen nicht einlässt, muss ein fades Leben in Kauf nehmen.

Was würdest du gerne machen?

Den Job wechseln?
Eine Jugendmannschaft trainieren?
Ein Instrument erlernen?

Nicht jeder kann Astronaut, Fußballer oder Schriftsteller werden, dann mache etwas Anderes. Fange an, sonst kommst du nicht an.

Freiheit: wahrhaftig leben

Manager sind weitgehend vorsichtige Pragmatiker, die die Rituale ihrer Vorgänger übernehmen: In diesem System herrschen Kontrolle, Regeln, Anweisungen, aber keine Freiheit für Kreativität. So entsteht keine starke Zukunft für das Unternehmen. Und das gilt auch für unser privates Leben. Ohne Freiheit keine selbstbestimmte Zukunft.

Wir lamentieren gerne über unsere scheinbare Unfreiheit, um damit eine mangelnde Aussicht zu begründen oder einfach von unserer Lust auf Bequemlichkeit abzulenken. Weil wir ja unfrei sind, können wir dies und das nicht machen.

Und dann gibt es noch das schreckliche Wort »Sachzwang«. Ein Zwang, nur so und nicht anders handeln zu können. *Ich bin machtlos.* Das ist viel zu häufig eine lapidare Entschuldigung dafür, es gar nicht zu wollen. Und das ist selbstbestimmte Freiheitsberaubung.

Freiheit bedeutet, Möglichkeiten zu nutzen.
Wer darauf permanent verzichtet, verschenkt kostbares Leben.
Ein Leben der Anpassung und der Routine richtet sich auf das Wohlgefühl anderer Menschen, aber eben nicht auf das eigene Wünschen und Wollen.

Das Gegenteil von Freiheit ist nicht die Pflicht, etwas notwendigerweise erledigen zu müssen, sondern eine Geisteshaltung, etwas zu unterlassen. Wer nicht zulässt, was er möchte, kann sich damit zugrunde richten, langsam, aber stetig. Er spürt die Lücke, die er nicht füllen wollte oder konnte.

Weisheit: wahrhaftig erkennen

Jeder von uns kennt einen Menschen, den er für weise hält.
Vielleicht die Großmutter oder der Indianerhäuptling aus einem Buch. Meistens handelt es sich um einen älteren Menschen. Denn Weisheit ist die Summe eines erfahrenen Lebens. Aber wir können nicht genau sagen, warum wir einen Menschen für weise halten. Wir fühlen uns jedenfalls von seinem Denken und seinem Handeln angezogen, weil darin etwas Außergewöhnliche liegt.

Außergewöhnlich gütig. Der weise Mensch meint es gut.

Außergewöhnlich perspektivisch. Der weise Mensch denkt umfassend.

Außergewöhnlich ethisch: Der weise Mensch wird dem Menschsein gerecht.

Weisheit offenbart ein Erkennen, das wir nicht erlernen können. Es gibt dafür keine Erklärung. Wir können auch nicht erklären, was Erkenntnis ist.

Darin liegt Lebensarbeit, Arbeit am Leben.
Ich glaube, das größte Anliegen der Weisheit ergibt sich aus der Gerechtigkeit.

Wer gerecht ist, schafft Frieden zwischen den Menschen. Der eine muss also erst einmal geben, um dann selbst nehmen zu können. Der weise Mensch überblickt Ursachen und Folgen und durchblickt die Charaktere der Menschen.

Wer versucht, weise zu handeln, fällt nicht auf die alltäglichen Fallen des Lebens herein. Er muss nicht immer reden, handeln, sich einmischen. Er ist da, wenn er da sein muss.

Scham: wahrhaftig fühlen

Hast du dich heute schon geschämt?
Das ist allzu menschlich.
Tiere können sich nicht schämen.
Das Schämen steckt also in uns und beginnt mit dem Alter

zu reifen. Es beginnt etwa mit zwei Jahren, dann entdeckt das Kind sein Ich.

Sigmund Freud sagte: »Abwesenheit von Scham ist ein sicheres Zeichen für Schwachsinn.«

Das heißt, wer sich nicht schämen kann, ist krank.

Das Schämen schweißt eine Gesellschaft zusammen, weil sich darin die Einhaltung von allgemeinen Normen spiegelt. Wenn es keine Scham gäbe, würden Anstößigkeit zunehmen. Dafür gibt es das Wörtchen »ungeniert«.

Wer einmal nachmittags den Fernseher anmacht, sieht Sendungen mit Menschen, denen offenbar nichts peinlich ist. Sie stellen ihre Intimität zur Show. Sie spüren nicht den Schutz der Scham.

Menschen, die sich schnell schämen, gelten als sympathisch und vertrauenswürdig, weil ihre innere Uhr auf sensibel gestellt ist. Sensibel ist das Gegenteil von ungeniert.

Wer sich schämt, ist sich selbst nicht gerecht geworden. Darin liegt eine Qual für unsere Seele, weil wir die negativen Gefühle nicht wegdenken können. Und darin liegt auch eine Qual für unseren Körper. Wir werden rot, schwitzen, der Bauch grummelt, hektischer Atem. Jeder von uns kennt das. Die Scham zeigt uns etwas an, was wir unbedingt vermeiden wollten. Wir fühlen uns entdeckt, entblößt, der innere Schutz ist dahin.

Aber die Ursachen für das Schämen liegen nicht nur darin, dass wir uns selbst nicht gerecht geworden sind. Wir haben gelernt, dass wir uns anpassen müssen. Das ist völlig normal. Denn Freiheit und Verantwortung gehen einher mit Anpassung. Wer ständig gegen den Strom schwimmt, verliert an Kraft und Autorität. Er schafft nicht das, was er schaffen wollte.

Wer aber vor lauter Scham (ach, wie peinlich) nicht sein Ding macht, entwertet sein Leben. Wer nur auf andere achtet und an sich herummäkelt, entkernt sich damit.

Selbstbestrafung: der große Zwerg

Ein sonderbares Gefängnis, in das wir hineingeraten sind. Wir bestrafen uns selbst und werfen den Schlüssel für unser Eingesperrtsein weg. Und wie kommen wir da wieder heraus?

Die Selbstbestrafung ist eine Wut auf uns selbst. Wir wollen mit dieser Wut eine Schuld sühnen. Wir kritisieren uns maßlos, wir mögen uns nicht und befinden uns für etwas als nicht würdig – alles schreckliche Folterwerkzeuge für unsere Seele.

Narzissmus und Perfektion sind Ursachen für die Selbstbestrafung. Wer sich wahnsinnig selbst liebt und wer immer die 100 Prozent erreichen will, wird daran scheitern und sich dafür im schlimmsten Fall hassen.

Wenn wir bestraft werden, haben wir einen konkreten Gegner, mit dem wir uns auseinandersetzen können. Aber wenn der Gegner ich selbst bin, geht alles nach innen. Ein bizarrer Kampf, wenn das Ich das Ich bekämpft.

Erfolgreiche oder ausgeglichene Menschen, die im Großen und Ganzen mit sich im Reinen sind, kämen überhaupt nicht auf die Idee, sich mit Wut oder Enttäuschung niederkämpfen zu lassen. Sie lassen die Kirche im Dorf und legen auch nicht jeden Pfennig auf die Goldwaage, um mal ein paar abgedroschene Redewendungen zu bemühen.

Wer ein selbstbewussteres Leben führen möchte, sollte genau diesem Leben Aufmerksamkeit schenken. Wer also genau hinsieht, wie was ist und warum es so ist, ist nicht so leicht aus der Bahn zu werfen.

10. Klare Kante

Einsatz: optimieren statt maximieren
Originalität: gestalten statt imitieren
Korridor: aufklären statt beschwichtigen

Mach dein Ding, aber setze deine Kraft maßvoll ein. Über-
schaue die Distanz für das Ziel. Weiche nicht aus. Zeige
Charakter. Zeige deine Einzigartigkeit, aber sei kein
Einzelkämpfer.

Trau-Dich-Impuls

»Unabhängig zu denken und diese Gedanken auch auszu-
sprechen, ist das Mutigste, was es gibt.«
Coco Chanel
Gründerin des Modeimperiums Chanel

Ihre Herkunft lag lange Zeit im Dunkeln, weil sie aus
Scham verheimlichte, dass sie in sehr ärmlichen Verhältnissen als uneheliche Tochter eines Hausierers und einer
Wäscherin aufgewachsen ist. Talent und Zufall meinten
es gut mit ihr. Schon zu Lebzeiten wurde sie zur Legen-
de. Tatsächlich hat sie die Mode ihres Jahrhunderts revo-
lutioniert. Sie schaffte das Korsett ab, erfand das »Kleine Schwarze«, den Modeschmuck und kurze Röcke. Ihren
internationalen Durchbruch feierte sie 1923 mit dem Par-
fum »No 5«.

Einsatz: Optimieren statt maximieren

Bist du ein Optimum-Mensch oder ein Maximum-Mensch?

Optimieren bedeutet: auf.
Maximieren bedeutet: über.

Der Unterschied zwischen Optimieren und Maximieren ist wie Bodenhaftung und Fliegen.

Optimieren bedeutet: Auf dem Boden bleiben, gehe Schritt für Schritt, strenge dich an, denke aber daran, dass es dir morgen noch gelingt, deine Ziele zu erreichen. Halte Maß, damit du noch lange von deiner Kraft und deinem Willen profitieren kannst. Du weißt genau: Jede Übertreibung kostet dir ein Stück Menschsein. Es raubt dir Gelassenheit, Gleichklang und Zufriedenheit.

Maximieren bedeutet: Über etwas hinausgehen, gehe große und schnelle Schritte, fliege, hole alles aus dir raus, um deine Über-Ziele zu erreichen. Zerreiß dich dafür. Morgen schaffst du es, was übermorgen ist, ist dir erst einmal egal.

Maximale Sportler nehmen Doping, um für den entscheidenden Wettkampf ein Über-Mensch zu sein. Danach sackt der Körper wieder auf Normalmaß.

Maximierende Manager richten das gesamte Unternehmen auf den Bilanzstichtag aus, um die Über-Ziele mit Kraft-Kraft zu erreichen. Dieses Kraft-Kraft-System speist sich aus Überstunden, Leistungsdruck und

Gewinnbeteiligung. Danach sackt das Unternehmen wieder auf Normalmaß.

Optimierende Sportler und optimierende Manager setzen auf stetige Leistung, um Ziele gesund und ordentlich zu erreichen. Auf diese Weise sichern sie sich eine hohe Leistungsdichte. Bei Sportlern bedient dies Fitness, bei Unternehmen kontinuierliches Wachstum.

Der Maximum-Mensch sucht die Perfektion, er findet sie aber nicht, weil er ein Mensch ist. Das maßlose Ausschlachten aller Fähigkeiten zur absoluten Stimulanz führt zwangsläufig zu Fehlern. Wer dagegen maßvoll mit sich und anderen umgeht, stärkt damit seine Persönlichkeit und erreicht seine Ziele mit Geduld, Hingabe und Verständnis.

Originalität: gestalten statt imitieren

Imitieren ist gewiss der bequemere Weg. Er ist geeignet für Mitläufer, die sich ohne Anstrengung durch das Leben bewegen möchten. Wer imitiert, macht sich damit aber zur Kopie. Auch das ist kein Problem, wenn man sich als Kopie wohlfühlt. Einer macht es vor, der andere macht es nach.

Nachmachen kann aber auch eine Mühsal sein. Denn im Grunde seines Herzens sehnt sich der Mensch nach Differenzierung. Die Menschen suchen sich ihren Platz abseits der Masse. Raus aus der Uniform der Ausbildung, der Schule und des Berufs. Die Uniform ist der Anzug des gesellschaftlichen Kollektivs.

Die Menschen aber wollen Kleider, die sich unterscheiden. Sie wollen eigene Emotionen, eigene Erfahrungen und eigene Wünsche stärker betonen. Sie wollen raus aus dem Trott und spüren, was Leben bedeutet. Leben bedeutet, nicht das zu tun, was zu tun ist, sondern das zu tun, was man will. Dieser anarchische Gedanke ist natürlich eine Illusion, weil es finanzielle, rechtliche und moralische Grenzen gibt. Aber diese Grenzen verwischen, weil sich alles verändert.

Der Abschied von der Masse bedeutet mehr Eigenverantwortung, und deshalb ist Individualisierung auch nicht mit einer egoistischen Ich-Sucht oder einer Ellenbogengesellschaft gleichzusetzen.

Individualisierung bedeutet nach meinem Verständnis, Möglichkeiten zu erkennen und sie wahrzunehmen. Die Zeit, in der wir leben, fordert uns geradezu heraus, unser »ich« stärker zu betonen. Dafür gibt es drei Gründe:

Erstens: Ich bin überzeugt, dass sich gesellschaftliche und kulturelle Paarungen herausbilden, die sich gegenseitig bedingen. Sie heißen Bildung und Toleranz, Freiheit und Fantasie, Offenheit und Vitalität. Es gibt keine Toleranz ohne Bildung, keine Fantasie ohne Freiheit und keine Vitalität ohne Offenheit. Alles hängt zusammen und formt die Individualisierung.

Zweitens: Die unterschiedlichen Lebens- und Wohlfahrtsbedingungen führen zu unterschiedlichen Erfahrungen, Gewohnheiten und Lebenseinstellungen. Wir erleben einen radikalen Wertewandel, der sich aber schon seit

Jahren deutlich abzeichnet. Selbstentfaltung und Individualisierung lösen die Pflicht- und Akzeptanzwerte unserer Vorgänger-Generation ab.

Und drittens: Die Diktatur der antrainierten Gewohnheit und der schematischen Tradition, die wohl jeden Menschen beherrscht, zerbröckelt. Die vielen unausgesprochenen »Du-darfst-nicht-Regeln«, die eine Gesellschaft moralisieren, lösen sich auf oder sie bilden einen neuen Kontext, der unserem jetzigen Leben mehr gerecht wird. Diese Emanzipierung findet in allen Lebensbereichen statt und dazu zählt auch das Konsumieren.

Und nun? Bist du ein Mitläufer, der nicht mehr mitlaufen will, sondern seine eigenen Wege gehen möchte? Dann mache es.

Korridor: aufklären statt beschwichtigen

Wer beschwichtigt, möchte einen Konflikt im Zaum halten oder ihn geräuschlos lösen. Er holt mit seiner ausgeglichenen Art das Problem von ganz oben (alles ganz schlimm) nach ganz unten (alles halb so schlimm). Das ist eine brauchbare Möglichkeit, um dem Kleinklein des Lebens Herr zu werden und nicht aus allem ein Drama zu machen. Es ist ja auch so, dass die meisten Streitereien einer Banalität folgen, einem schrägen Moment, dann »knallt« es kurz und ist schnell wieder vergessen.

Wenn aber ein ernsthafter Konflikt vorliegt, wäre das Beschwichtigen geradezu falsch. Beschwichtigen bedeutet verharmlosen, und wer einen Konflikt verharmlost, löst ihn damit eben nicht und riskiert damit sogar, dass sich die Situation verschärft. *Ich kenne den Grund des Konflikts, will ihn aber nicht wahrhaben, weil mir das alles zu kompliziert ist. Also: stellt euch nicht so an, Schwamm drüber.*

Diese Gleichgültigkeit im falschen Gewand einer helfenden Hand lässt Menschen mit ihren Problemen allein. Sie fühlen sich nicht ernst genommen, klar: Das schafft neue Probleme.

Wer dagegen eine Lösung finden möchte, muss aufklären. Warum? Wieso? Weshalb? Aufklären ist das Gegenteil von Beschwichtigen. Wer aufklärt, geht den Gründen nach, um sich eine Meinung zu bilden und danach konkret zu handeln.

Isolierte Betrachtungen führen dagegen immer zu isolierten Lösungen. Kleines Denken schafft kleine Räume, aber keine Bewegung für große Räume.

11. Geschafft

Spürst du ein inneres Jucken, etwas ändern zu wollen. Das muss nichts Großes und Weltbewegendes sein, aber mit dem ersten Schritt in eine neue Richtung beginnt vielleicht ein erfüllteres Leben. Dieses »Vielleicht« liegt in deinen Händen. Warte nicht ab, mach dein Ding. Schritt für Schritt.

Trau-Dich-Impuls

»Mein Motto lautet: einfach machen. Ich wusste früh, was ich will und habe es in die Hand genommen. Ich habe mich nicht abwimmeln lassen und an meine Träume geglaubt."
Claudia Helming
Gründerin des Onlinemarktplatzes DaWanda
für handgemachte Produkte

Ihre Eltern wussten ganz genau, was aus ihrer Tochter werden sollte. Eine Lehrerin. Vielleicht dachten sie an den sicheren Beamtenjob mit vielen Ferien oder dass ihre Tochter ein gutes Händchen für Kinder hat. Doch die Tochter wollte keine Lehrerin werden, aber was sie werden wollte, wusste sie auch nicht. Große Leere! Sie probierte mehrere Jobs aus, aber es funke nicht. Die Wende brachte in den 90er-Jahren eine Anstellung bei Lastminute.com, ein noch junges Unternehmen, das die ersten online Reisen verkaufte. Das brachte sie auf die Spur, ebenfalls eine Online-Idee zu entwickeln.

Möchtest Du weiterlesen? Tauche ein in die Welt der Klöster, um dich inspirieren zu lassen. Was nicht zu dir passt oder was dir ohnehin völlig klar ist, einfach den Text überspringen.

ZWEITES KAPITEL

Halt dein Leben fest und schau mal, wie die Mönche das machen.

1. Schau nur

Film und Wirklichkeit
Aufbruch in neue Welten
Feine Unterschiede

Film und Wirklichkeit

Großes Drama im Kino. Filmklassiker über das Kloster drehen sich um geheimnisvolle Machenschaften, um Liebe und Sex, Auflehnung und Zweifel.

Besetzt mit großartigen Schauspielern etwa wie Audrey Hepburn oder Sean Connery umweht Streifen wie »Die Geschichte einer Nonne« (1959) »Die Nonne« (1966), »Die Nonne von Monza« (1969), »Der Name der Rose« (1989) oder »Novitiate« (2017) eine melancholische Traurigkeit.

Diese Filme bestätigen so wunderbar unser Unverständnis für eine Lebensform, die uns weltfremd erscheint. Das gipfelt in den Satz. »Wie kann man nur ins Kloster gehen!« Wenn wir Kloster hören, denken wir sofort an hohe Mauern und Menschen, die dahinter in Abgeschiedenheit leben, auf fast alles verzichten und viel beten müssen. Und draußen brummt der Bär; pralles Leben! Wir haben Mitleid mit den Menschen im Kloster.

In all den Jahrhunderten gab es unterschiedliche Gründe für das Klosterleben: Es war nicht nur der Glaube, auch Hungersnöte oder ein letzter Zufluchtsort für Frauen, die keinen Mann gefunden haben, spielten eine Rolle. Wer also ins Kloster ging, um satt oder versorgt zu werden, war wohl kaum ein sittsamer Vertreter des klösterlichen Lebens.

Heute kämpfen viele Klöster ums Überleben, weil immer weniger junge Menschen dort eintreten wollen. Das Leben ist einfach zu verlockend, statt es in einer religiösen Frauen- oder Männer-Gemeinschaft zu verbringen.

Die Ursachen dafür gehen aber tiefer. Wenn die religiöse Bindung der Eltern nachlässt, überträgt sich das auch auf die Kinder. Außerdem schlägt die Demografie durch. Wenn immer weniger Kinder geboren werden, gibt es weniger Taufen und damit weniger Menschen, die ins Kloster gehen könnten.

All das darf aber nicht überdecken, dass die Klöster die Welt mit ihren Ideen und ihrer Schaffenskraft in eine neue Epoche der Bildung und der Freiheit gestoßen haben. Diese Wirkung ist längst nicht verpufft, weil das geistige Erbe der Kloster- und Ordensgründer noch immer präsent ist. Die Geschichte lebt. Weiterhin haben die Klöster heute noch eine magische Anziehungskraft auf Menschen, die einmal zur Ruhe kommen wollen. Sie verbringen einige Tage dort, um das Leben »sacken« zu lassen.

Aufbruch in neue Welten

Ohne die Menschen in den Klöstern würde die Geschichte anders aussehen. Der Untergang Roms entließ Europa ins Chaos. Vom 6. bis zum 8. Jahrhundert herrschten konfuse Zustände. Germanische Völker wanderten aus und eroberten fremde Länder. Damit endete endgültig das Zeitalter der antiken Hochkulturen. Die Welt ging wieder rückwärts, weil die kulturellen Errungenschaften der Römer und auch der Griechen weitgehend verloren gingen, zumal nur wenige Menschen lesen konnten.

Dann kam Benedict von Nursia. Er gründete um 529 ein Kloster (die Benediktiner) und schrieb damit für die zukünftige Entwicklung von Kultur und Wissenschaft Weltgeschichte. Bis zu diesem Zeitpunkt gab es nur wandernde Mönche. Benedict verpflichtete sie aber dazu, an einem Ort zu bleiben und verband das Beten mit dem Arbeiten. »Ora et labora«, arbeite und bete.

Mit diesem auch »Arbeite« legte er den Grundstein für eine fulminante Entwicklung, die sich im Mittelalter zur Hochblüte entwickelte. Die Klöster waren Zentren der Bildung, ja: Sie haben die Kultur bewahrt, weiterentwickelt und damit Maßstäbe für die geistige Entwicklung Europas gesetzt. Wenn wir heute auf unser Wissen schauen, dürfen wir seine Urkraft wesentlich in den Klöstern verorten. Genau dort baute sich in rasantem Tempo Wissen auf.

Dazu trug auch Karl der Große (742 – 814) mit seiner Bildungsreform bei. Er erkannte, welche geistig-kulturelle Chance in den Klöstern lag. Er setzte durch, dass jeder Mönch lesen und schreiben lernte und rief antike Studienfächer wie Rhetorik und Grammatik wieder ins Leben. Das geistige Leben entfachte neues Feuer.

Große Klöster unterhielten eine Lateinschule. Mönche bildeten Schüler aus, diese Schüler bildeten später wiederum ihren Nachwuchs aus. Lesen und schreiben zu lernen, war nahezu 500 Jahre nur in den Klöstern möglich. Die Mönche selbst waren gierig auf theologische und philosophische Schriften, studierten sie und teilten das Wissen mit anderen Klöstern. Wissen ist der einzige Rohstoff, der sich vermehrt, wenn man ihn teilt.

Ohne die Mönche wären viele Werke der Griechen und Römer in Vergessenheit geraten. Die großen Klöster unterhielten auch umfangreiche Bibliotheken. Sie sammelten und ordneten das verfügbare Wissen. Und sie bauten Schreibstuben (Skriptorium) auf, in denen die Mönche für eine adlige Kundschaft und später als Handelsware vor allem religiöse, aber auch weltliche Texte abschrieben. Auch damit trugen sie Wissen in die Welt. Das wiederum führte zu neuen Impulsen für die gesellschaftliche und politische Ordnung.

In den Klöstern wurden Kunst- und Kulturgüter geschaffen, etwa ab dem Spätmittelalter auch die Herrschaftsinsignien der Kaiser und Könige des Heiligen Römischen Reiches: Reichskrone, Lanze und das Reichsschwert.

Bedeutende Erfolge erzielten die Klöster nicht nur in Bildung und Kunst, sondern auch in der Landwirtschaft, Pflanzenzucht, Kräuter- und Heilkunde. Die Mönche rodeten Wälder und machten das Land fruchtbar. Die Bauern um die Klöster schauten sich das ab und gaben ihr Wissen wiederum an ihre Nachkommen weiter.

Um diese positive Kraft der Klöster noch intensiver zu nutzen, gründeten weitsichtige Landesherren, weitere

Klöster oft in unterentwickelten Gegenden. Heute würden wir sagen: Wirtschaftspolitik für strukturschwache Regionen.

Innovationslabore im Mittelalter

»Mittelalterliche Klöster entwickelten im sozialen und religiösen Wandel des 11. bis 13. Jahrhunderts, verbunden mit stärker verinnerlichter Frömmigkeit, eine bislang unerreichte Rationalität der Lebensgestaltung. Klösterliche Gemeinschaften prägten in jener Zeit die europäischen Vorstellungen von Gemeinschaftsbildung und Individualisierung wesentlich mit. Sie lehrten Europa die Rationalität der Planung, der Normsetzung, der formell geregelten Verfahrensabläufe, des Einsatzes pragmatischer Schriftlichkeit, des Gebrauchs von Symbolen, des Umgangs mit Eigentum und Besitzlosigkeit, der Arbeitsteilung, der Güterzuweisung, der ökonomischen Betriebseffizienz. Sie erprobten bei sich erfolgreich die rationale Gestaltung gesellschaftlicher Systeme und eröffneten dadurch der europäischen Gesellschaft den Weg zu neuen Konstruktionen von Staatlichkeit. Sie testeten die Grenzen der rationalen Erkenntnis durch die Technik der scholastischen Dialektik aus und sprengten sie auf durch die individuellen Erfahrungen der Mystik. Sie lehrten den Menschen eine verinnerlichte Ethik der Lebensführung und vermittelten ihnen damit ein entscheidendes Orientierungswissen im Umgang mit sich selbst und den anderen; sie deuteten ihnen programmatisch die Natur, das Leben und das Jenseits. Damals entstanden in Klöstern und Orden Modelle jenes gesellschaftlichen wie kulturellen Aufbruchs, aus denen sich spezifische Ordnungskonfigurationen der europäischen Moderne ausformten.«

Quelle: Heidelberger Akademie der Wissenschaften

Feine Unterschiede

Von Mönchen und Nonnen sprechen wir, wenn es sich um die Mitglieder eines kontemplativen (beschaulich, in sich gekehrt) Ordens wie etwa den Benediktinern oder Klarissen handelt. In diesen Gemeinschaften richtet sich der Tagesablauf wesentlich nach Gebet und Einkehr. Danach kommt die Arbeit. Deshalb bezeichnet man diese Ordensgemeinschaften auch gerne als »streng«.

Was »streng« ist, auch da gibt es gravierende Unterschiede. Wir sollten allerdings den Begriff »streng« nicht mit Pflicht, sondern mit Freiwilligkeit umschreiben. Das Kloster ist kein Gefängnis, sondern ein freiwilliger Ort, um seinen Idealismus (Glaube, Hingabe, einfaches Leben) zu fixieren.

Was also ist »streng«? Ein extrem kontemplativer Orden sind die Kartäuser. Deren Wahlspruch lautet: *Stat crux dum volvitur orbis.* »Das Kreuz steht fest, während die Welt sich dreht.« Das bedeutet: Die Welt da draußen mag sich drehen und wenden, wie sie will, wir bleiben, wie wir sind. Der Orden der Kartäuser geht auf den heiligen Bruno aus Köln im 11. Jahrhundert zurück und hat sich seitdem nicht verändert. Ein Papst sagte einmal dazu, dass die Kartäuser sich nicht reformieren müssten, weil sie nie deformiert wurden. Mit anderen Worten: Ihr habt euch nicht von äußeren Einflüssen betören lassen.

So heißt es in der Regel: »Unser Bemühen und unsere Berufung bestehen vornehmlich darin, im Schweigen und in der Einsamkeit Gott zu finden«. Das heißt: strikte Abschirmung nach außen. Nur einmal im Jahr dürfen enge Verwandte für zwei Tage zu Besuch kommen. Ich gebe zu: Das zu verstehen, erfordert ein gehöriges Maß an Toleranz.

Um das Leben der Kartäuser auf den Punkt zu bringen: Sie leben sehr einsam, beten sehr viel, leben vegetarisch, schweigen die meiste Zeit und haben maximal vier Stunden Schlaf am Stück zwischen den insgesamt sieben Gebetszeiten. Der Tag beginnt um 23.30 Uhr. Und das ist kein Druckfehler.

Dagegen mutet der Tagesablauf der ebenfalls kontemplativen Benediktiner recht locker an. Ein Beispiel von den Benediktinern im münsterländischen Gerleve:

5.20 Uhr: Vigil und Laudes, stille Zeit

7.30 Uhr: Arbeit (werktags)

8.45 (sonntags 9.45) Uhr: Terz im Kapitelsaal

9.00 (sonntags 10.00) Uhr: Hl. Messe

9.45 Uhr: Arbeit (an Werktagen)

12.00 Uhr: Sext, Mittagessen, Rekreation

13.15 Uhr: Non, Mittagspause

14.30: Arbeit (werktags)

17.30 Uhr: Vesper

18.15 Uhr: Abendessen, stille Zeit

19.45 Uhr: Rekreation

20.15 Uhr: Komplet, Nachtruhe

Die Benediktiner leben ein Leben der Spiritualität und freuen sich gleichzeitig auf Gäste. Von Abschotten kann also überhaupt nicht die Rede sein. So schrieb Ordensgründer Benedict bereits vor rund 1500 Jahren in seiner Regel: »Alle Fremden, die kommen, sollen aufgenommen werden wie Christus: denn er wird sagen: Ich war fremd und ihr habt mich aufgenommen.« Und weiter heißt es: »Allen erweise man die angemessene Ehre, besonders den Brüdern im Glauben und den Pilgern.« Es folgen weitere

22 Punkte, wie sich die Mönche gegenüber den Gästen zu verhalten haben. Vom Friedenskuss über Demut bis zur Unterkunft.

Neben den kontemplativen – also den sogenannten strengen – Orden gibt es die tätigen Orden wie etwa Franziskaner, Dominikaner oder Jesuiten. Dort heißen die Männer nicht Mönche, sondern Brüder und die Frauen nicht Nonnen, sondern Schwestern.

Tätig bedeutet: das innere Klosterleben (Gebet, Gottesdienst, Meditation) mit dem konkreten Wirken nach außen zu verbinden. Der Tagesablauf ist demnach nicht so strikt geregelt wie in einem kontemplativen Orden. So arbeiten die Franziskaner etwa als Pfarrer in Gemeinden oder in Gefängnissen, betreibe soziale Projekte für Suchtkranke und sind Anlaufstelle für Obdachlose.

Allerdings ist den Benediktinern diese buchstäbliche Außenwirkung auch nicht fremd. So arbeitet ein Mönch der Heidelberger Benediktiner als Amtsrichter und Pater Amseln – bekannt als Buchautor – vom Kloster St. Ottilien reist durch die Republik, um Vorträge zu halten. Hinzu kommen Bildungshäuser, die religiöse und geistige Seminare anbieten. Viele Klöster unterhalten auch eigene Gymnasien, und die Mönche arbeiten dort als Lehrer. Aber alles das ist klar geregelt: Nichts darf dem Gebet vorgezogen werden, hat Benedict verfügt.

Die Vielfalt der unterschiedlichen Ordensgemeinschaften hinsichtlich ihrer Aufgaben und Ziele lässt sich umschreiben mit: grundverschieden einig. Es geht um den Glauben, der unterschiedlich gelebt wird. Immerhin gibt es in Deutschland mehr als 150 verschiedene Ordensgemeinschaften, die teilweise mehrere Klöster unterhalten.

3. Avantgardisten aus dem Kloster

Basilius: der verehrte Asket
Augustinus: der Star-Intellektuelle
Benedict von Nursia: der große Organisator
Franz von Assisi: der volkstümliche Gottesmann
Klara von Assisi: die gütige »Feministin«
Ignatius von Loyola: der Soldat des Papstes

Die großartigen Männer und Frauen, die weltbewegende Klöster und Ordensgemeinschaften gegründet haben, waren echte Typen, die sich von einer bevormundenden Tradition ebenso getrennt haben wie von einer zeitlaunigen Modernität. Sie haben radikal ihr *Ding* gemacht, um ihren Sehnsüchten eine Form zu geben.

Sie waren keine Evolutionäre, sondern Revolutionäre, keine Langweiler, sondern herausfordernde Avantgardisten des Lebens. Sie sind keiner Zeit hinterhergelaufen. Sie haben Zeit und Zeiten geprägt. Dazu gehören Basilius, Augustinus, Benedict, Franziskus, Klara und Ignatius, weil sie exzellent für all die Männer und Frauen stehen, die maßgeblichen Einfluss auf Kirche, Gesellschaft und Kultur ausgeübt haben.

Diese sechs religiösen Führer kamen alle aus reichem Haus, waren behütet und gebildet, wenn auch in deutlichen Abstufungen.

Basilius: der verehrte Asket (um 330 bis 379)

<u>Sein Merkmal:</u> Schon zu Lebzeiten verehrten die Menschen ihn als Basilius den Großen. Er war als Asket, Bischof und Kirchenlehrer eine der herausragenden Gestalten im Christentum. Dabei ist er der breiten Öffentlichkeit heutzutage nahezu unbekannt.

<u>Seine Spur:</u> Er studierte Rhetorik, Grammatik, Philosophie, Astronomie, Geometrie und Medizin: Themen, denen er sein Leben lang treu geblieben ist. Auch seine älteste Schwester war hochgebildet. Sie befasste sich mit griechischer Philosophie und Naturwissenschaften.

Basilius spürte schon während des Studiums, dass er auf eine spezielle Art und Weise seinen Glauben leben wollte. Er wählte die Einsamkeit und gründete weitab vom weltlichen Geschehen ein Kloster, indem es nicht nur um Gebet, Arbeit und Askese ging, sondern auch um Bildung, genauer: um das Bibelstudium.

Er war intellektuell aufgeschlossen, dachte nicht eng, sondern weit. So trat er dafür ein, die christliche Wissensvermittlung um die griechischen Philosophen zu erweitern. Er dürfte damit wesentlich dazu beigetragen haben, dass die Werke der griechischen Denker erhalten geblieben sind.

Er ging radikal seinen Weg. Während der Hungernot verkaufte er sein gesamtes Erbe, um es den Armen zu geben, arbeitete in der Suppenküche, gründete Krankenhäuser und Altersheime.

Sein eigener Speiseplan bestand vornehmlich aus Brot, Gemüse und Wasser, weshalb sich Vegetarier gerne auf ihn berufen und ihn zitieren. »Der Leib, der mit Fleischspeisen beschwert wird, wird von Krankheiten

heimgesucht, eine mäßige Lebensweise macht ihn gesünder und stärker und schneidet dem Übel die Wurzel ab. Die Dünste der Fleischspeisen verdunkeln das Licht des Geistes. Man kann schwerlich die Tugend lieben, wenn man sich an Fleischgerichten und Festmahlen erfreut.«
Basilius gründete zwar ein Kloster, aber keine Ordensgemeinschaft. Das heißt: Er sammelte Gleichgesinnte »unter einem Dach«, ohne daraus eine Bewegung für die Zeit nach ihm zu machen.

Augustinus machte es ihm nach. Auch er gründete *nur* ein Kloster. Allerdings beriefen sich später viele verschiedene Ordensgemeinschaft auf dessen Regel. Wohl am bekanntesten sind die Augustiner mit einem sehr bekannten Mönch:
Martin Luther. Seine gesamte theologische Bildung, seine Berufung und seine Stellung als Theologieprofessor verdankte er den Augustinern. Ohne sie hätte Luther nicht auftrumpfen können, um die Kirche zu spalten (Reformation).

Augustinus: der Star-Intellektuelle (354 bis 430)

Sein Merkmal: Er war Bischof und ein grandioser Intellektueller. Allein mit seinem autobiografischen Werk »Bekenntnisse« (Confessiones) hat er Weltliteratur geschrieben. Er hat sich ausgiebig mit Platon beschäftigt und dessen Denken mit christlichen Elementen durchzogen.

Seine Spur: Augustinus' exzellente Schaffenskraft vernebelt allerdings, dass er vor allem eins war: Mönch! Das monastische Leben war Dreh- und Angelpunkt seines späteren Wirkens.

Bis dahin verging allerdings noch eine ereignisreiche Zeit. Er studierte Rhetorik und genoss ein wildes Leben mit vielen Frauenbekanntschaften. Das führte schon sehr früh zu einer unehelichen Verbindung, die 15 Jahre dauern sollte. Seine Freundin gebar einen Sohn mit dem Namen Adeodatus (»Der von Gott gegebene«).

Die wilde Ehe hielt ihn nicht davon ab, sich tiefer mit Philosophie und Theologie zu beschäftigen. Allerdings empfand er die Bibel vor allem wegen des Alten Testaments als enttäuschend.

Wohin sollte ihn sein Glauben führen? Das war zu dieser Zeit noch völlig ungewiss. Er experimentierte mit einer staatlich verbotenen christlichen Glaubensgemeinschaft, dem Manichäismus. Nach zehn Jahren wollte er von ihr aber nichts mehr wissen.

Er arbeitete als Lehrer für Rhetorik und gründete später in Rom eine Schule für Rhetorik, dann ging es weiter nach Mailand. Dort überschlugen sich die Ereignisse. Es kam zum Bruch mit seiner Lebensgefährtin, weil seine Mutter für ihn eine standesgemäße Verlobung mit einem christlichen Mädchen aus wohlhabender Familie arrangiert hatte. Außerdem begann er, sich wieder für das Christentum zu interessieren.

In dieser Zeit spürte er eine tiefe Unruhe. Er war körperlich schwach und seelisch niedergeschlagen. Er gab seinen Beruf auf und öffnete sich radikal einer neuen Orientierung, die ihn wohl selbst heftig überrascht haben dürfte. Er entschied sich für ein religiöses Leben als Mönch. Im Klartext: keine Ehe, kein Sex, kein Luxus.

40 Jahre nach Augustinus' Tod betrat ein weiterer großer Gestalter die Bühne des Lebens: Benedict.

Benedict von Nursia: der große Organisator (um 480 bis 547)

<u>Sein Merkmal:</u> Benedict gründete mit den Benediktinern den ältesten Orden der katholischen Kirche. Man darf ihn als den großen Organisator des klösterlichen Lebens bezeichnen. Seine Regel für die Mönche war sehr umfangreich. Sie umfasst detailliert alle Aspekte des Zusammenlebens.

<u>Seine Spur:</u> Geschockt von der Dekadenz in Rom, zog er sich räumlich und spirituell zurück. Zunächst lebte er als Einsiedler in den Bergen von Subicao (bei Rom), um sein Leben zu sortieren. Heute würde man sagen: Er war ein Aussteiger.

Benedict erkannte, dass das Leben in einer Gemeinschaft ergiebiger ist als das zurückgezogene Leben eines »Einzelkämpfers«. Zu seiner Zeit war es üblich, dass die Mönche umherzogen. Benedict setzte aber auf eine fortwährende Gemeinschaft an einem Ort. Dafür schuf er die Verpflichtung zur »Stabilitas«. Das bedeutet, dass die Mönche sich mit dem Eintritt ins Kloster verpflichten, an diesem Ort zeitlebens zu bleiben.

Benedict setzte einen weiteren Schwerpunkt: Er wusste, dass ein geistiges Leben ohne sinnvolle Arbeit den Menschen unzufrieden macht. Außerdem befürchtete er, dass die Mönche außerhalb der Gebetszeiten die Zeit mit Müßiggang vertrödeln. Also hielt er sie zur Arbeit an.

»Ora et labora«, »Bete und arbeite«, lautet das wohl bekannteste Motto der Benediktiner-Mönche.

.Benedict prägte auch nach seinem Tod weitere 634 Jahre das klösterliche Leben, ehe ein neuer Superstar der Kirche geboren wurde: Franz von Assisi.

Franz von Assisi: der volkstümliche Gottesmann (1181/82 – 1226)

Sein Merkmal: Er ist wohl der bekannteste Heilige der Kirche. Er war ein gütiger und sanfter Mensch, der sich selbst alles abverlangte, um den Glauben radikal zu leben. Dazu zählte eine extrem strenge Armut, die so weit ging, dass er zeitweise von weggeworfenen Essensresten lebte. Franz prägte mit seiner Bewegung, die später Franziskaner genannt wurde, in der Kirche eine völlig neue Richtung. Um es salopp zu sagen: Geht raus aus dem Kloster, um arme, kranke und verlassene Menschen praktisch zu unterstützen.

Seine Spur: Heute würde man den Sohn eines reichen Kaufmanns einen Yuppie nennen. Eigenes Pferd, Partys, ein sorgenloses Leben. Die jungen Leute scharrten sich um ihn, und er lebte in den Tag hinein, ohne den Deut einer Mühsal zu verspüren. Bis zu seinem 25. Lebensjahr vertändelte er sein Leben mit Prunksucht.

Doch dann deutete sich die Wende an. Im Krieg seiner Stadt Assisi gegen Perugia geriet er in Gefangenschaft. Nach seiner Entlassung wusste er nicht, was in ihm drängte, jedenfalls wollte er partout nicht mehr an das Leben vor dem Krieg anknüpfen.

Die Menschen selbst erkannten ihn nicht mehr wieder, erlebten den einst wilden Sohn reicher Eltern als verträumt und in sich gekehrt. Er kam auf die verrückte Idee, einen stinkenden, mit Geschwüren ekelig aussehenden Aussätzigen zu küssen. Und so verrückte er zunehmend radikal sein Leben. Ein Leben in Armut für die Armen – in Frieden mit sich und anderen Menschen.

Franz wurde verspottet und schließlich nach einem heftigen Streit mit seinem Vater aus der Familie ausgeschlossen. Er war gesellschaftlich gesehen jetzt selbst ein Aussätziger oder eben ein Spinner, den man nicht mehr ernst nehmen konnte. Und dann stand dieser demutsvolle Mann in seiner ärmlichen Kutte vor dem reichen, klugen und mächtigen Papst, um seine Regel für den Orden bestätigen zu lassen.

Der Papst genehmigte die Regel und eröffnete damit – natürlich unbeabsichtigt – eine kritische Sichtweise auf die reiche Kirche. Denn Franz und seine Mitbrüder kümmerten sich um die Menschen, um die sich die Kirche nicht kümmerte: die Verlierer der Gesellschaft. Infolge der größer werdenden Städte verschärften sich noch einmal die sozialen und wirtschaftlichen Lebensbedingungen. Die Reichen wurden reicher, die Armen noch ärmer. Dieser zunehmende Gegensatz zwischen Arm und Reich führte schließlich auch dazu, dass die reichen und unsittlich lebenden Kirchenfürsten heftiger hinterfragt wurden.

Noch zu Franz' Lebzeiten wurde aus seinem Orden eine Massenbewegung. Eine Frau namens Klara, ebenfalls aus Assisi, ließ sich von ihm leiten und gründete selbst einen Orden.

Klara von Assisi: die gütige »Feministin« (1193/94 – 1253)

<u>Ihr Merkmal:</u> Klaras Leitlinien für die Klarissen (so wurde ihre Gemeinschaft später genannt), war die erste Ordensregel in der Geschichte, die eine Frau für Frauen geschrieben hat. Eine weitere Besonderheit war, dass diese Regel erstaunlich demokratisch ist und das eigenverantwortliche Handeln jeder Nonne im Kloster betont. Man darf sie im weitesten Sinne durchaus als »Feministin« bezeichnen, jedenfalls als eine Frau, die sich nicht den Konventionen ihrer männlich geprägten Zeit beugte. So stand sie im schriftlichen Kontakt mit anderen bedeutenden Frauen und erörterte mit ihnen Fragen der Spiritualität und des Glaubens.

<u>Ihre Spur:</u> Klara kommt aus adligem Haus, fühlte sich von Franz von Assisi inspiriert und floh mit 18 Jahren aus ihrem Elternhaus – in die Obhut ihres Vorbildes. Damit entzog sie sich den Heiratsplänen ihrer Familie. Sie wollte ein klösterliches Leben führen. Franz von Assisi selbst führte Klara mit der Abnahme der Gelübde Armut, Gehorsamkeit und Ehelosigkeit in das neue Leben als Nonne ein.

Sie führte mit ihren Mitschwestern ein Leben in strenger Klausur, das bedeutet: Sie haben das Kloster praktisch nie verlassen. Klara hat 42 Jahre bis zu ihrem Tod in dieser abgeschiedenen Enge gelebt. Als sie starb, gab es bereits 111 Klarissen-Klöster.

Die Ordensgründerin war gesundheitlich angeschlagen, nach ihrem 30. Geburtstag verschlechterte sich ihr

Zustand deutlich, sodass sie fast ständig ans Bett gefesselt war. Ihre Willensleistung, unter diesen Bedingungen die strengen Regeln im Kloster vorzuleben, war übermächtig. Ihre persönliche Macht als Äbtissin basierte nicht auf Strenge, sondern auf Güte, Nachsicht und ihrer Ausstrahlung.

Es vergingen mehr als 250 Jahre, als mit Ignatius von Loyola eine neue Ausrichtung des klösterlichen Lebens entstand.

Ignatius von Loyola: der Soldat des Papstes (1491 – 1556)

Sein Merkmal: Er gründete mit Freunden die Ordensgemeinschaft »Gesellschaft Jesu«, die später Jesuiten hießen. Ignatius formte sie zu einer intellektuellen Sperrspitze der Kirche. Diese elitäre Ausrichtung auf Bildung und Wissenschaft war eine neue Form des klösterlichen Lebens. Die Abkürzung der Jesuiten »JS« (Societas Jesu = Gesellschaft Jesu) wird im Volksmund mit »Schlaue Jungs« übersetzt. Die Jesuiten sind dem Papst unterstellt, dem sie Gehorsamkeit schwören. Ignatius organisierte die Bewegung straff hierarchisch wie im Militär. Auch die Disziplinarvorschriften im Kloster waren an das Soldatentum angelehnt.

Seine Spur: Ignatius war ein Soldat und kein Intellektueller wie etwa Basilius oder Augustinus. Er entstammt einer spanischen Adelsfamilie. Wie Franz von Assisi entdeckte er die Religion im Krieg. Aus dem Ritter und Edelmann wurde ein bettelnder Pilger. Damit begann seine »Karriere« für ein spirituelles Leben, das zur Gründung einer neuen Ordensgemeinschaft führte. Zuvor aber musste er einige Hürden überwinden.

Seine spirituellen Ansichten machten die kirchliche Inquisition hellhörig, er wurde von ihr bespitzelt, eingesperrt und schließlich vom Studium ausgeschlossen. Insgesamt musste er sich neunmal einem kirchlichen Gericht stellen. Er flüchtete nach Paris, um dort sein Studium der Theologie und Philosophie zu beenden.

In Venedig wurde er schließlich mit 45 Jahren zum Priester geweiht. Gemessen an der damaligen Lebenserwartung, ein fast schon greises Alter. Es ist bemerkenswert, dass er trotz seiner bedrückenden Erfahrungen mit der Papstkirche später seinen Orden zur Treue gegenüber dem Papst verpflichtete.

Ignatius, der acht Jahre nach Martin Luther geboren wurde und zehn Jahre nach Luthers Tod starb, bekam die Wucht der Reformation deutlich mit. Die Jesuiten profilierten sich denn auch als Hüter des katholischen Glaubens gegen den Protestantismus.

Ihr Ruf als Seelsorger und Beichtväter verfestigte sich im katholischen Adel. So gewannen sie politischen Einfluss.

Die Jesuiten haben bis heute bedeutende Denker hervorgebracht, wie zum Beispiel Oswald Nell-Breuning, der mit seiner katholischen Soziallehre ein wesentliches Fundament für die Soziale Marktwirtschaft in Deutschland schuf.

3. Regeln aus dem Kloster

WAS UNS WIKRLICH WICHTIG MACHT

Würde der Macht
Sinn der Macht
Die Macht beschneiden
Herausforderungen aushalten
Macht der Ausgeglichenheit
Vorsicht vor dem Hochmütigen
Wer das Geld hütet
Vorbild sein
Überflieger
Blick auf die Psyche

Verantwortung übernehmen, sich verantworten: Das sind starke Lebensthemen. Wer die Verantwortung übernimmt, will kein Mitläufer sein, er will gestalten und etwas bewegen.

Verantwortung ist kein Machtspiel. Allein sein Wortsinn offenbart uns schlagartig, dass es um Anstand geht. Darin drückt sich eine Verpflichtung aus, so zu handeln, dass gute Ziele im Rahmen des vernünftig Möglichen erreicht werden.

Der zweite Punkt der Verantwortung: sich verantworten. Wer also einer Verantwortung nicht gerecht geworden ist, sollte für die Folgen aufkommen. Ein starker Charakter schleicht sich nicht davon.

Würde der Macht

»Wem daher die gemeinsame Sorge anvertraut ist,
der handle so, als müsste er für jeden Einzelnen
Rechenschaft ablegen.«

Basilius

Der Starke kommt kaum auf die Idee, dem Schwächeren eine Rechenschaft über sein Handeln abzulegen. Er wird sich denken: »Ich weiß, worum es geht, der andere weiß es nicht.« Dieses Muster – ich da oben, du da unten – erleben wir typischerweise in allen hierarchischen Situationen. Dort ist immer einer, der über uns steht. Im Beruf, im Sportverein, in der Familie und so weiter.

Wenn ein Mensch so handelt, wie es Basilius fordert, widmet er sich mit größtmöglichem Ernst seiner Aufgabe. Sie liegt genau darin, die Menschen in den Blick zu nehmen und daran zu arbeiten, ihnen mit guten Entscheidungen zu dienen.

Der Mächtige hat die Freiheit, so oder so zu handeln. Wer diese Freiheit verantwortlich nutzt, erklärt Ziele, berücksichtigt Wünsche und Hoffnungen, wägt Risiken und Folgen ab. All das macht die Würde der Macht aus. Sie schenkt anderen Menschen Anerkennung.
Wenn ein Mensch das Handeln eines anderen Menschen, dem er formal untergeordnet ist, nicht einschätzen kann, entsteht Misstrauen. Der misstrauische Mensch nimmt nichts hin und will alles hinterfragen, um ja nicht übers Ohr gehauen zu werden.

Dagegen bedeutet Vertrauen Sicherheit. Es vermittelt dem Menschen das gute Gefühl, richtig zu liegen. Vertrauen ist eine Methode, die das Leben erleichtert.

Drehe und wende das Wort Vertrauen, du kommst immer wieder zum Ursprung zurück. Immer geht es darum, Nichtwissen oder Orientierungslosigkeit durch Vertrauen zu kompensieren.

Sinn der Macht

> »Der Obere aber soll sich glücklich schätzen, nicht, weil er kraft seines Amtes gebieten, sondern weil er in Liebe dienen kann.«

Augustinus

Die Macht verleiht häufig zu Allüren. Dann fordern die Mächtigen nicht nur Respekt, sondern auch Bewunderung. Das ist natürlich albernes Gockelgehabe: Zunächst einmal hat jeder Mensch auch ohne Rang und Stand Respekt verdient. Und das ist gewiss auch eine Frage der Höflichkeit.

Außerdem kann der Mächtige die Bewunderung ohnehin nicht erzwingen. Er kann sie nur erwerben, indem er anderen Menschen mit seinem Tun und seinen Zielen einen Sinn vermittelt. Macht hat deshalb nur die eine Aufgabe, für einen Sinn zu *dienen*, wie es Augustinus umschreibt.

Peter Dogs ist ein »Star-Psychiater«, wie die WELT am SONNTAG schreibt, der sich den wunden Seelen der

»Reichen und Mächtigen« annimmt, wie die »Wirt-schaftsWoche« feststellt. Einmal im Jahr trifft er sich mit Managern auf Mallorca. Das Thema lautet: »Warum? Weshalb?« Das sind *eigentlich* radikale Fragen, weil sie hartnäckig das Leben berühren.

Peter Dogs sagt dazu: »Warum arbeite ich so viel und weshalb mache ich weiter, obwohl ich schon so viele Millionen auf dem Konto habe? Für was mache ich mich so kaputt?« Und dann stellt der Psychiater fest: »Das Dumme ist, die Leute stellen sich die Frage gar nicht. Die machen einfach weiter.«

Sie haben also die Radikalität der Warum- und Weshalb-Fragen gar nicht begriffen. Sie verstehen nicht wirklich, dass Familie, Gesundheit und Hingabe an das Leben das Wichtigste überhaupt sind. Das ändert sich allerdings schlagartig, wenn eine Krankheit das Leben *unschöner* macht oder die Ehe kaputtgeht, überhaupt das familiäre Gefüge auseinandergeht. Auf unser Leben übertragen: Warum muss immer erst etwas passieren, um daraus eine Lehre zu ziehen? Weil wir das »Dienen« verlernt haben.

Die Macht beschneiden

»Und wenn es irgendwann einmal den Schwestern in ihrer Gesamtheit klar werden sollte, dass die Äbtissin zum Dienst und zum gemeinsamen Wohl der Schwestern unzureichend sei, dann sollen die genannten Schwestern verpflichtet sein, sich nach der vorgeschriebenen Form

so schnell wie möglich eine andere zur Äbtissin
und Mutter zu wählen.«

Klara

Klara findet klare Worte. Wer das Sagen hat, aber falsch
entscheidet oder kein Vorbild ist, muss abtreten. Beschützen wir also nicht die Menschen, die es nicht verdient haben. Wer abtritt, geht nicht unter, aber er muss
sich unterordnen. Genau diese Ordnung macht das Leben
schöner, mindestens aber erträglicher.

Wir alle kennen die Situation, dass ein Mensch seiner Verantwortung nicht gerecht wird. Er macht einfach weiter,
weil ihn keiner stoppt. Ich weiß, dass das nicht immer
möglich ist. Das Kind kann vor seinen aggressiven Eltern
nicht fliehen und der Arbeitnehmer kann nicht immer
risikolos seinen Arbeitsplatz wechseln, um seinem cho-
lerischen Chef auszuweichen.

Dieses Ausgeliefertsein ist brutal. Wenn es dann aber Mitmenschen gibt, die das sehen und ihre Solidarität zeigen und
auch konkret handeln (Jugendamt, Betriebsrat usw.), hat der
Mächtige hoffentlich verloren und das ist wunderbar.

Macht spielt sich in allen Lebensbereichen ab und wir erleben doch ständig, dass Menschen mit ihrer Macht falsch
umgehen. Oder? Nur ein Beispiel: Ein elfjähriges Mädchen sagte dem Busfahrer, dass sie ihre Monatsfahrkarte
vergessen hat. Darauf schickte er sie zurück in die Kälte,
und das eingeschüchterte Kind musste eine Stunde nach
Hause laufen. Die Eltern des Kindes haben sich beschwert.

Sie haben die Macht des Busfahrers nicht hingenommen.
Richtig so.

> Wenn Kinder machtlos sind
> Mobbing. Die Schule kann grausam sein. Experten
> schätzen, dass in Deutschland eine halbe Million Schü-
> ler regelmäßig schikaniert werden. Spott und Lästerei-
> en gibt es nahezu in jeder Schulklasse. Und die Situation
> wird immer schlimmer, sagte die Entwicklungspsycho-
> login Mechthild Schäfer der WELT. Die Professorin an der
> Münchner Ludwig-Maximilian-Universität ist eine renom-
> mierte Mobbingforscherin. Nicht nur in der Schule, auch
> im Internet werden Jugendliche gemobbt. Das hat eine
> Umfrage von 12- bis 19-Jährigen ergeben. Sie gaben an,
> dass rund 40 Prozent ihrer Bekannten schon einmal in den
> sozialen Medien drangsaliert wurden.
> Gewalt. Verwahrloste Kinder, geschlagen, misshandelt,
> missbraucht. In Deutschland sterben laut Kinderschutz-
> bund pro Woche durchschnittlich drei Kinder an den Fol-
> gen von Vernachlässigung oder Gewalt. Fast achtzig Pro-
> zent der getöteten Kinder sind jünger als sechs Jahre.
> Außerdem werden täglich fast 50 Kinder misshandelt oder
> sexuell missbraucht. Und das sind nur die Fälle, die der
> Polizei bekannt werden.

Herausforderungen aushalten

»Der Abt erinnere sich stets an das, was er ist, und an
den Namen, den er trägt. Er wisse, dass von dem, dem
mehr anvertraut ist, auch mehr verlangt wird. Er sei
sich bewusst, wie schwierig und mühsam die Aufgabe
ist, die er empfangen hat, nämlich Seelen zu führen
und dem Charakter vieler sich anzupassen. Der eine

nämlich braucht Güte, ein anderer bedarf des Tadels,
wieder ein anderer des Zuredens.«

Benedict

Wer die Nummer eins ist, muss dem Druck seiner Aufgabe
gewachsen sein – mental, körperlich, charakterlich. Oder
wie das der amerikanische Präsident Harry Truman sagte:
»Wenn du die Hitze nicht aushältst, verlasse die Küche.«

Immer mehr Menschen wollen wenigstens zeitweise die
»Küche« verlassen, um sich vom Stress zu erholen oder
einfach mal dem Leben nachzuspüren. Früher wäre es un-
denkbar gewesen, sich für ein paar Monate vom Job zu
verabschieden, um eine Auszeit zu nehmen. Immer mehr
Unternehmen bieten solche Möglichkeiten an, damit
die Mitarbeiter mit neuen Ideen und frischer Aufbruch-
stimmung zurückkommen.

Das Leben besteht eben nicht nur aus Arbeit. Die Formel für
die eigene Lebensgestaltung lautet: mehr Zeit statt mehr
Geld – und mehr Sinn für Empathie. So wächst ganz im Sinn
von Benedict eine Führungs-Generation nach, die nicht
nur mit überdurchschnittlichen Noten und Abschlüssen
der besten Unis glänzt, sondern für den beruflichen Erfolg
soziale Kompetenzen mitbringen (müssen). Es geht genau
darum, die Stärken der Mitarbeiter zu stärken, Talente frei-
zulegen und den Sinn für die Arbeit zu vermitteln.

Einfach ist das alles nicht. Sich mit anderen Menschen
auseinanderzusetzen, ihnen auch etwas zuzumuten
und Kritikpunkte offen anzusprechen, ist ein ständiges

Versuchen und Machen, um gemeinsam etwas zu bewegen. So entsteht zufriedener Erfolg.

Wie wir miteinander umgehen sollten

So nicht	So
Ich	Wir
Macht ausbauen	Macht teilen
Herrschen	Gestalten
Kontrollieren	Richtung vorgeben
Delegieren	Inspirieren
Belegschaften	Menschen
Untergebene	Mitarbeiter
Befehle	Aufgaben
Geheimnistuerei	Offenheit
Antworten geben	Fragen stellen
Monolog	Dialog
Disziplin	Freiheit
Distanz	Nähe

Macht der Ausgeglichenheit

»Er (der Abt) trachte auch danach, mehr geliebt als gefürchtet zu werden. Er sei nicht ungestüm noch ängstlich, er soll nicht übertreiben und sei nicht hartnäckig, nicht eifersüchtig und zu argwöhnisch; sonst hat er nie Ruhe.«

Benedict

Benedict beschreibt den perfekten Chef. Wir können diese Rolle auf alle Lebensbereiche übertragen. Nur wissen wir auch, dass wir seinem Ideal kaum gerecht werden können. Wir sind einfach nicht in der Lage, in all unserem Wirken stets das Maß zu halten. Was dieses Maß genau ausmacht, muss ohnehin jeder für sich entscheiden.

Den Anfang machen wir sicherlich dadurch, dass wir andere Menschen ernster nehmen, mit ihren Sorgen, Wünschen und Ideen. Und wenn wir Menschen ernster nehmen, haben wir wahrscheinlich auch eine größere Lernkurve für unser eigenes Leben.

Benedict führt weiter aus, dass der Abt mehr geliebt als gefürchtet werden soll. In einem Gespräch sagte mir der Vorstandsvorsitzende eines großen Technikkonzerns: »Die Angst muss raus.«

Die Angst vor Fehlern oder vor höher gestellten Mitarbeitern muss raus aus den Köpfen der Arbeitnehmer. Und er sagte mir, das ginge nur mit Führungskräften, die eine Kultur der Offenheit vorlebten, um aus Fehlern zu lernen.

Angst zerstört Können, Motivation, Vertrauen und Selbstbewusstsein. Angst macht krank. Nicht nur im Beruf, überall.

Vorsicht vor dem Hochmütigen

»Oft kommt es vor, dass durch die Einsetzung des Priors (Stellvertreter des Abtes) schwere Ärgernisse in den Klöstern entstehen; wenn nämlich einer, vom schlimmen Geist des Hochmuts aufgebläht, glaubt, er sei ein

zweiter Abt und sich Willkürherrschaft anmaßt, dann
nährt er dadurch Ärgernissen und verursacht Zwistig-
keiten in der Klostergemeinde.«

Benedict

Es ist häufig so, dass diejenigen, die wenig zu sagen haben,
größer erscheinen möchten. Das hebt das Selbstwertgefühl – für Momente. Danach ist alles wie bisher.

Das Dilemma ist offensichtlich: Da hat einer eine führen-
de Stellung, sitzt aber trotzdem auf der Ersatzbank.
Ein Gernegroß. Wer den Anschein erweckt, mehr zu sein,
als er tatsächlich ist, und diese Rolle auch ausfüllen möchte, wirkt nicht nur lächerlich. Er ist auch gefährlich. Er
schanzt sich allmählich eine Macht zu, die ihm wahrlich
nicht zusteht.

Diese Menschen gibt es in allen Lebenslagen, nur in ver-
schiedenen Rollen. Sie stellen sich in den Mittelpunkt, um
alle Aufmerksamkeit auf sich zu ziehen. Ihr auffälligstes
Merkmal: sie übertreiben, um etwa ein normales Erlebnis
größer erscheinen zu lassen. Solche Menschen sind sehr
anstrengend, weil sie immer das Gefühl haben, sich profilieren zu müssen.

Wer das Geld hütet

»Als Cellerar (Verwalter) des Klosters soll aus der
klösterlichen Gemeinschaft einer ausgewählt werden, der weise ist, reif an Charakter, nüchtern, mäßig

im Essen, nicht hochmütig, nicht ungestüm, nicht verletzend, nicht saumselig, nicht verschwenderisch; vielmehr soll er Gott fürchten und für die ganze Klostergemeinde wie ein Vater sein.«

Benedict

Benedict hat den bösen Charakter im Blick, den er vom Geld fernhalten will: Menschen, die sich auf Kosten anderer bereichern, die Risiken eingehen, aber die Folgen auf andere abwälzen. Aber es gibt natürlich auch Menschen, die zwar einen guten Charakter haben, aber mit Geld nicht umgehen können.

Beim Thema Geld hört die Freundschaft auf, sagt man. Geld ist ein ganz heikles Thema. Der Wirtschaftsanwalt Sven Thomas, der etliche Top-Manager verteidigt hat, sagte der »Zeit«: »Über die Jahre habe ich etwas Interessantes erfahren. Ich habe nämlich den Blick sehr wohlhabender Menschen beobachtet, einen Blick, der sagt: Ich besitze viel, aber der andere hat noch mehr, also will ich selbst auch noch viel mehr. So entsteht Gier und bestimmt kein Glück.«

Der Psychiater Peter Doss beschäftigt sich mit der Frage, wie sich ein Mensch verändern muss, um es normal zu finden, völlig übertriebene Gehälter zu bekommen. »Wo ist der Anstand geblieben?«

Die Anständigen gibt es noch. Jedenfalls hat Peter Doss einen Anständigen erlebt. Der WELT am SONNTAG sagte er: »Vor ein paar Wochen kam ein Manager zu mir, der es nicht mehr ausgehalten hat, so viel Geld zu bekommen. Er ist der Erste, der mir direkt gesagt hat, dass er deswegen unglücklich ist. Später hat der Mann zweistellige Millionenbeträge in eine Stiftung für schwere neurologische Erkrankungen gesteckt.«

Vielleicht ertappst du dich gerade bei dem Gedanken: »Ist der blöd, ich hätte das Geld behalten!« Tja, da bist du sicherlich keine Ausnahme. Da müssen wir nur einmal bei den Lotterie-Gesellschaften nachfragen. Wenn du Millionen gewinnst, kommt ein Geldberater der Lotto-Gesellschaft zu dir nach Hause. Er sagt dir, wie du das Geld anlegen und er sagt dir auch, dass du einen kleinen Teil spenden könntest. Spenden? Auf die Idee muss man erst einmal kommen! Wer viel hat, möchte häufig nichts abgeben.

Vorbild sein

> »Dass er (der Vorgesetzte) ein Mann sei, dessen Vorbild in allen Tugenden die übrigen in der Gesellschaft (Jesuiten) fördert.«

> Ignatius

Ignatius fürchtet völlig zu Recht, dass ein falscher Charakter an der Spitze systematisch die Moral in einer Gemeinschaft – egal in welcher Lebenslage – zerstört.

Wenn also die Sitten verdorben sind, dann schlägt sich das auch auf die Moral der Menschen nieder. Kein Mensch muss mit einem Heiligenschein durchs Leben laufen, aber wer damit anfängt, sich mit Tricks durchs Leben zu mogeln, lebt gefährlich. Ohne Moral geht alles kaputt. Es ist die Moral, die Maßstäbe setzt und zu seinem sittlichen Verhalten auffordert.

Ein Vorbild zu sein, ist buchstäblich anstrengend. So zu handeln, dass andere darin ein positives Nachmachen sehen, ist Lebensarbeit. Die Suche nach diesen Leitbildern wird aber immer schwieriger, weil es kaum noch Vorbilder gibt. Zu schnell wechseln Stimmungen und Verhaltensweisen, zu unpräzise erfüllt das scheinbare Vorbild unsere Erwartungen. Dafür gibt es einen triftigen Grund: Ein Vorbild muss berechenbar, schlüssig und nachvollziehbar handeln. Vorbilder müssen Standing haben, damit sie nicht irritieren.

Überflieger

»Wer in der Absicht aufgenommen wird (zu den Jesuiten), geistige Dienste zu leisten, muss im Hinblick auf die Anforderungen eines solchen Dienstes, damit den Seelen geholfen werde, die folgenden Gaben besitzen: Bezüglich des Verstandes: gesunde Lehre oder Befähigung, sie zu erlernen; im Handeln kluge Unterscheidung oder Beweis von gutem Urteil, um sie sich anzueignen. Bezüglich des Gedächtnisses: Fähigkeit zum Lernen und Treue zum Festhalten des Erlernten.«

Ignatius

Was Ignatius von den Menschen erwartet, die Jesuit werden möchten, ist elitär. Nur die Besten der Besten wünscht er sich für die priesterliche oder wissenschaftliche Arbeit.

Das Wörtchen »elitär« hat einen negativen Beigeschmack, weil wir damit eingebildete und abgehobene Menschen verbinden. Genaugenommen gehört zur Elite derjenige, der deutlich mehr kann als der Durchschnitt.

Wir sollten uns allerdings hüten, die falschen Menschen als Elite zu bezeichnen. Der ehemalige Politiker und Hochschullehrer Wolfgang Schulhoff sagte es so: »Ich finde es unerträglich, wenn das Wort Elite heute weitgehend für Menschen verwendet wird, die außer, dass sie viel Geld verdienen, nichts Wesentliches zum Geistesleben und zum Erhalt unserer Gesellschaft beitragen. Hierdurch wird der Elitebegriff pervertiert.«

Ignatius hat das Recht, seinem Ideal gerecht zu werden. Der Gründer der Jesuiten setzte knallhart auf Bildung und Wissenschaft, um die Studien der Gelehrten mit eigenen Erkenntnissen zu bereichern. Das war sein Anspruch. Wer diesem Anspruch nicht gerecht werden konnte, konnte auch kein Jesuit werden.

Moralisierend könnte man natürlich argumentieren, dass seine Ausgrenzung nicht christlich bzw. humanitär ist. Aber diese Moral hat eine Macke: Warum soll ich meine ehrgeizigen Ziele aufgeben, weil andere Menschen diesen Zielen nicht gewachsen sind! Ich glaube, dass Anpassung »nach unten« nur dazu führt, dass wir nicht so recht vorankommen mit unseren Träumen, Zielen, Wünschen. Was auch immer.

Blick auf die Psyche

»Im Hinblick auf den Zweck unserer Stiftung und
unserer Lebensform sind wir in unserem Herrn zur
Überzeugung gekommen, dass es für seinen größeren
Dienst und Lobpreis nicht angeht, sehr schwierige
oder für den Orden unbrauchbare Personen aufzunehmen, selbst wenn die Aufnahme für jene
nicht ohne Nutzen wäre.«

Ignatius

»Sehr schwierige« und »unbrauchbare Personen«! Eine
harte Sprache wählt Ignatius. Franziskus zum Beispiel
würde so nie reden. Menschen, die dazu neigen, schnell
anzuecken oder einer Sache nicht nachkommen, haben
es schwer im Leben. Genau diese Schwere möchte Ignatius nicht mittragen.

Ehrlich: So denken wir häufig. Ein Quertreiber kann ein
ganzes Gefüge durcheinanderbringen. Wir schauen also
genauer hin, auf wen wir uns einlassen.

Aber Vorsicht: Kreative Menschen, die querdenken, wer-
den als schwierig wahrgenommen, weil sie nicht in das
Schema der Normalität passen. Wenn wir »Spinner«
sagen, meinen wir damit, dass ein Mensch Blödsinn ge-
redet hat. Der Spinner ist aber ein Mensch, der mit seinen
Gedanken oftmals weiter ist, als er nach Meinung einer
Mehrheit sein darf. Sie hinken dem Spinner mit ihrem
Allerlei hinterher.

Josef Kirschner hat vor Jahrzehnten den Bestseller geschrieben: »Die Kunst, ein Egoist zu sein«. Das Buch wurde deshalb so häufig gekauft, weil die Menschen nach einem Weg suchten, aus der Rolle der Anpassung und der Normalität herauszukommen und eigene Wünsche stärker zu verwirklichen. Die Kunst des Egoismus besteht darin, eigene Interessen mit Respekt und Würde gegenüber anderen Menschen zu vertreten.

FROHSINN EINER ARBEIT

Fromm reicht nicht
Falsches Nichtstun
Drückeberger
Seelische Arbeitsverweigerung

Die Frage lauert auf den passenden Moment. »Na, und was machst du so beruflich?«

Ich mag diese Frage nicht, weil sie nur den einen Sinn hat, auf die Schnelle äußere Merkmale für Status und Geld einzuordnen. Mir ist schon klar, dass ein Beruf sehr viel über einen Menschen aussagt, aber eben nicht alles.

Wenn ich auf die Frage nach meinem Beruf antworten würde, dass ich als Hilfsarbeiter auf dem Bau arbeite, wäre das Gespräch wahrscheinlich sofort zu Ende, ohne dass mein flüchtender Gesprächspartner die Hintergründe für diese Arbeit kennenlernt.

Vielleicht bin ich ein Künstler, der sich Geld dazuverdienen muss? Ein Gespräch über Kunst kommt allerdings nicht mehr zustande. Schade, ich hätte so gerne über meinen Malstil gesprochen und über die Trends der jungen Avantgarde.

Ich stelle mir vor, mein Gesprächspartner wäre tatsächlich auf meinen Beruf eingegangen: »Baust du Straßen, Häuser oder Brücken?«

Klar, nur wenige Menschen kämen auf einer Party auf die

Idee, sich über die Arbeit eines Hilfsarbeiters auf dem Bau auszutauschen.

Also: Wer einen »falschen« Beruf nennt, bekommt sofort einen Stempel auf die Stirn: uninteressant.

Der Mensch und die Arbeit. Was wirklich zählt, ist, dass wir selbst mit unserer Arbeit zufrieden sind, weil sie uns einen Sinn gibt.

Die Wahrheit ist leider: Abertausende Menschen trotten jeden Tag zur Arbeit und sind heilfroh, wenn sie nach der Arbeit wieder nach Hause gehen können. Was für eine Tragödie für unsere Lebenszeit.

Der Fischer und der reiche Mann (nach Heinrich Böll)

Ein reicher Mann sah, wie ein Fischer gemütlich neben seinem Boot lag und Pfeife rauchte. Er verstand nicht, wie man so etwas tun konnte, und fragte ihn: »Warum bist du nicht auf dem Meer zum Fischen?« »Weil ich für heute genug gefangen habe«, sagte der Fischer. »Warum fängst du nicht noch mehr«« »Was soll ich denn damit machen?« »Du könntest mehr verdienen«, sagte der Reiche, »und dir einen Motor für dein Boot kaufen, weiter aufs Meer hinausfahren und noch mehr Fische fangen. Du könntest genug verdienen, um bessere Netze zu kaufen. Sie würden dir noch mehr Fische und viel mehr Geld einbringen. Bald hättest du genug Geld, um ein zweites Boot zu kaufen – vielleicht sogar eine ganze Flotte. Dann wärest du ein reicher Mann, genau wie ich.« »Und was soll ich dann machen?« »Dann könntest du das Leben genießen.« »Und was glaubst du, was ich gerade mache?«

Fromm reicht nicht

»Wir dürfen nicht glauben, dass das Ziel des frommen
Lebens die Trägheit und Arbeitsscheu Vorschub leiste.
Im Gegenteil, es ist ein Leben des Kampfes, größerer
Bemühung und der Geduld in der Trübsal.«

Basilius

Ja, das hat Basilius wahrlich recht. Das Leben ist kein
Zuckerschlecken, es schmeckt auch sauer. Wir müssen
uns *kümmern*, damit unser Anspruch gelingt. Und dafür
gibt es den Schlaumeier-Satz: »Von nix kommt nix.« So
ist es.

Trägheit ist hin und wieder ein feiner und auch notwendiger Dienst an uns selbst, um uns zu erholen und zu
besinnen. Auf Dauer aber lähmt sie uns und macht uns
schwächer und schwächer, weil uns die Spannkraft fehlt.

Wer der Arbeit nur zu gerne aus dem Wege geht, wird
nie verstehen, was Arbeit positiv ausrichten kann: Talente entdecken und formen, gestalten und mitwirken, das
Leben mit eigener Kraft finanzieren.

Dass das nicht immer einfach ist: klar. Deshalb empfiehlt
Basilius, Geduld, um schwierigere Zeiten zu bestehen.
Sich selbst zu ertragen, ist gewiss eine Methode, das Leben
konturenstärker zu sehen.

Es gibt keine schlechte Arbeit. Wir können Arbeit
schlechtreden, weil sie eintönig oder schwer ist, oder weil

der Beruf kein gutes Image hat, aber wer zwei gesunde Hände hat, sollte sie auch einsetzen.

Ich fragte meinen ehemaligen Chef, was er machen würde, wenn er arbeitslos wäre und kaum noch Geld hätte. Er sagte mir doch tatsächlich: »Dann würde ich für andere Leute Rasen mähen oder andere Dienste verrichten.« Kompliment!

Was die Deutschen liebend gern machen
Nach Berechnungen der Stiftung für Zukunftsfragen haben die Deutschen im Schnitt rund vier Stunden Freizeit am Tag. Pro Jahr sind es rund 2500 Stunden. Bei einer Befragung zu den liebsten Beschäftigungen gab es diese Antworten: Fernsehen, Radio hören und telefonieren.

Falsches Nichtstun

»Müßiggang ist ein Feind der Seele.«

Benedict

Wir alle kennen das Sprichwort: »Müßiggang ist aller Laster Anfang.« Müßiggang hat ein schlechtes Image, weil er mit Faulheit umschrieben wird. Davon hat sich Benedict wohl leiten lassen, indem er diese Form des Nichtstuns so deutlich ablehnte. Muße dagegen ist ein Gönnen, um zur Ruhe zu kommen. Ruhe von Stress. Ruhe von Ablenkungen. Ruhe von anderen Menschen. Wer immer im 100-Prozent-Modus durch das Leben hetzt, bekommt vom Leben nicht mehr viel mit.

Ich möchte den Gedanken von Benedict weitertreiben: Unser Geist lebt nicht nur von schlauen Gedanken, von Meditation und Spiritualität, sondern auch von der Arbeit. Sie vermittelt uns neue Wahrnehmungen.

Wer dagegen ausgiebig seinen Müßiggang pflegt, kann über das Leben üppig nachdenken, aber wenig zum Leben beitragen. Beitragen im Sinne von Mitwirken und Mitmachen. Das Wörtchen »mit« drückt eine Gemeinsamkeit aus.

Drückeberger

> »Wer von den Brüdern arbeiten kann,
> soll dies auch tun.«

> Franziskus

Es gibt den Kalauer: »Hoch lebe die Arbeit, so hoch, dass ich nicht mehr herankomme.« Und noch ein Spruch: »Arbeit macht Spaß, aber wer kann schon immer Spaß vertragen.«

Mit der Arbeit macht der Mensch sich zum Gestalter seines Lebens. Wer nicht arbeiten will, obwohl er dazu imstande wäre, sollte dann auch sagen: »Das ist meine Entscheidung. Ich nehme alle Nachteile in Kauf, ohne andere Menschen in Haftung dafür zu nehmen.« Wer dann aber doch Geld von den Sozialsystemen oder von den Eltern fordert, verhält sich unanständig.

In einem Kloster als geschlossene Gemeinschaft können wir die Wirkungen von Drückebergerei genauer beobachten. Wer nicht arbeiten möchte, obwohl er es könnte, fordert indirekt seinen Mitbruder oder ihre Mitschwester dazu auf, für ihn/ihr mitzuarbeiten. Denn die Arbeit im Kloster muss ja erledigt werden. Wenn die Freiheit des Einzelnen zur Last für einen anderen Menschen wird, ist die Solidargemeinschaft nachhaltig gestört.

Seelische Arbeitsverweigerung

»Niemand soll etwas mit Murren ausführen.«

Augustinus

»Murren«, das Wort hört man kaum noch. Hierbei handelt es sich nicht um »Motzen«, sondern um eine säuselnde Unzufriedenheit. Wer ständig an etwas herummäkelt, statt mal auf den Tisch zu hauen und seine Kritik klar benennt, hadert mit sich. Irgendetwas in ihm läuft quer, er kommt sich selbst nicht auf die Schliche. Darin liegt seine Tragik.

Im beruflichen Alltag gibt es gewiss viele Anhaltspunkte für Unzufriedenheit, von einer langweiligen Tätigkeit über schlechte Bezahlung bis zu hohem Leistungsdruck. Hinzu kommen Abhängigkeiten, die einer praktischen Lösung zunächst im Wege stehen.

Aber wer fortwährend lamentiert und sich keinerlei Mühe hingibt, das Problem zu lösen, schadet sich noch mehr. Er kommt immer schlechter aus dieser Falle wieder heraus.

Zur Wahrheit gehört allerdings auch, dass viele Chefs überhaupt nicht sehen, dass etwas gründlich schiefläuft. Sie haben noch alles Denken im Kopf. Sie denken hierarchisch, pflegen alte Rituale und sehen den Mitarbeiter als Befehlsempfänger. So entsteht natürlich kein Aufbruch.

NACHDENKEN UND VERSTEHEN

Dienst für ein Ziel
Gründliches Lernen
Wissen bedeutet Befreiung
Bildung folgt auf Bildung

Es gibt Vordenker, Querdenker, Nachdenker, mein Gott, ist das alles kompliziert. Es reicht doch, wenn wir den Überblick behalten und bereit sind, uns immer wieder in ein Thema hineinzuknien. Wie man das dann nennt – völlig egal.

Was der Mensch alles weiß, was er wissen muss und was er damit anstellt – spannend! Wir leben im Zeitalter des absoluten Fortschritts. Zu keiner anderen Zeit erlebten die Menschen so schnelle, heftige und epochale Veränderungen wie jetzt.

Ausgelöst durch die digitale Revolution entstehen in immer kürzeren Zyklen bahnbrechende Innovationen. Das ist erst der Anfang einer Entwicklung, die unser Leben und Arbeiten, unsere sozialen und wirtschaftlichen Systeme radikal verändern werden.

Es entstehen neue Formen der künstlichen Intelligenz. Sie beschleunigt rasante Erfolge für die Medizin (Krebsforschung), Landwirtschaft (Hunger bekämpfen), Verkehrssicherheit (weniger Tote), Pädagogik (E-Learning) und Arbeit (Kollege Roboter übernimmt gefährliche Aufgaben).

Es entstehen neue Geschäftsfelder, Unternehmen und Berufe, die wir heute in unserer Fantasie nicht einmal denken können. Die Zukunft kommt immer schneller auf uns zu.

Dienst für ein Ziel

»Ihr sollt also wissen: Euer Fortschritt ist um soviel größer, als ihr mehr für die gemeinsame Sache denn für eure eigenen besorgt seid.«

Augustinus

Augustinus macht den Fortschritt von der gemeinsamen Sache abhängig. Er ist ein Teamplayer. Selbst die größten Individualisten, die mit Charisma und Willensstärke ein Ziel angehen, sind auf andere Menschen angewiesen, damit sich etwas bewegen kann. Für Egomane und Egoisten ist da kein Platz. Sie mögen für eine kurze Zeit ein Feuer des Aufbruchs entflammen, aber sie sind partout nicht in der Lage, ihre Kraft zu bewahren.

Fortschritt ist ein großes Wort. Darin drückt sich Wandel aus. Auch wenn wir ihn im täglichen Leben nicht immer konkret wahrnehmen: Er wirkt fortwährend. Er hat eine ungeheure Kraft. Diese Kraft können wir aufhalten, aber nicht verhindern.
Der Wandel lebt quasi in uns. Er drängt uns und löst innere Kämpfe aus:

- das Beharrungsvermögen kämpft gegen den Aufbruch
- das Risiko gegen die Chance
- die Lethargie gegen die Neugierde.

Immer geht es darum, dass wir unser Maß finden, damit wir in der Lage sind, uns in den gesellschaftlichen, wirtschaftlichen und technischen Wandel so einzubringen, dass wir darin bestehen können.

In diesem Wandel gibt es die

– Langsamen und die Schnellen,
– Praktiker und die Denker
– Zögerlichen und die Macher.

Aber jeder bringt seine Individualität, sein Können, sein Wissen, seinen Charakter und seine Erfahrung in den Wandel ein. Oder auch nicht. Wer Abseits stehen möchte, hat eine andere Perspektive auf das Geschehen. Er schaut zu, mehr nicht.

Gründliches Lernen

»In den Wissenschaften soll Ordnung eingehalten werden; zuerst lege man ein gründliches Fundament im Latein, ehe man die Philosophie hört.«

Ignatius

Mache nicht den zweiten vor dem ersten Schritt. Mache es nicht schnell, sondern gründlich. Das möchte uns Ignatius sagen. Außerdem wollte er keine Fachidioten, die sich auf ein Fach verengen.

Diesen Gedanken auf die heutige Zeit übertragen: Auch

Spezialisten sollten mal nach rechts und links schauen, was sich in anderen Bereichen so tut, um das Spektrum an Ideen und Einsichten zu erhöhen.

Das gilt grundsätzlich für unser Leben: Wer seinen Blick verengt, wird starrsinnig. Weil er aber glaubt, mit begrenztem Wissen urteilen zu können, macht er sich zur Karikatur.

Ahnungslos, aber selbstbewusst

Die Psychologen David Dunning und Justin Kruger haben belegt, dass weniger kompetente Personen dazu neigen, sich zu überschätzen und überlegene Fähigkeiten bei anderen Menschen nicht erkennen. Das Problem: Wenn ein Mensch nicht weiß, dass er keine Ahnung hat, kann er auch nicht wissen, wie eine Lösung aussehen könnte.

Wissen bedeutet Befreiung

»Angesichts dessen, was die Gesellschaft (Jesuiten) mit den Studien bezweckt, ist es auf deren Ende hin gut, wenn man mit den geistigen Waffen umzugehen beginnt, die zur Rettung der Mitmenschen eingesetzt werden sollen.«

Ignatius

Wir kennen alle den Spruch: »Wissen ist Macht.« Der gebildete Mensch hat mehr Möglichkeiten, sein Leben nach eigenen Ideen zu gestalten und an gesellschaftlichen oder unternehmerischen Lösungen mitzuwirken. Das ist Macht. Und mit dieser Macht sinkt auch die Abhängigkeit von anderen Menschen und Bedingungen.

All das macht den Menschen freier. Ist er aber auch in der Lage, diese Freiheit verantwortungsvoll zu nutzen? Fest steht:
Wissen macht aus dem Menschen keinen besseren Charakter. Wissen schützt nicht vor Kriegen oder Kriminalität, vor Lügen oder Gerüchten, vor Vorurteilen oder Hetzereien.

Gerade deshalb ist Ignatius der Meinung, dass Bildung allein nicht reicht, man muss damit auch umgehen können.

Bildung folgt auf Bildung

»Und weil sowohl die Lehre als auch die Anwendung der Theologie besonders in den jetzigen Zeiten Kenntnis der humanistischen Wissenschaften, sowie der lateinischen, griechischen und hebräischen Sprachen verlangt, ist auch in diesen Fächern für gute Lehrer in genügender Anzahl zu sorgen, ferner auch für andere Sprachen.«

Ignatius

Ignatius war geradezu beseelt davon, alle Hindernisse für eine gute Bildung beiseite zu räumen. Deshalb setzte er unbedingt auf gute Lehrer. Sie bilden gute Schüler heran, die wiederum ihr Wissen an die nächste Generation weitergeben.

Das hört nie auf. Bildung folgt auf Bildung und ermöglicht es einer Gesellschaft, sich auf einer höheren Ebene weiterzuentwickeln – gerade auch in Fragen der Moral und Gerechtigkeit.

DIE MÜHSAL MIT DEM ALLERLEI

Konflikte rechtzeitig lösen
Wenn der Geist durchdreht
Wenn das Geld ein Teufel ist
Wie wir sehen und hören
Wenn die Schande lauert

Weil wir Menschen sind, haben wir Verstand und Gefühle. Das bedeutet aber nicht, dass wir immer klug und
mitfühlend handeln. Ich stelle mir Logik und Emotion
wie Geschwister vor. Sie streiten sich, und wenn sie älter
werden, kommen sie sich vielleicht wieder näher.

Verstand und Gefühle – eine heikle Angelegenheit. Wir
gehen uns manchmal selbst auf die Nerven. Wir wissen,
dass etwas falsch läuft, sind aber nicht in der Lage, es zu stoppen. Wer einmal darüber genauer nachdenkt, entdeckt vielleicht eine neue Spur, zufriedener durchs Leben zu gehen.

Konflikte rechtzeitig lösen

»Streitigkeiten sollt ihr entweder überhaupt nicht haben,
oder sie doch möglichst schnell beenden. Sonst wächst
der Zorn zum Hasse aus und macht aus dem Splitter einen
Balken und macht die Seele zur Mörderin.«

Augustinus

Was Augustinus befürchtet: Eskalation. Die Worte werden böser und heftiger. Was gesagt wurde, lässt nicht

mehr rückgängig machen. Und keiner will klein beigeben. Wenn es die Eitelkeit nicht gäbe, wäre der Streit schnell beigelegt.

Wenn wir uns nicht ausgeglichen fühlen, sind wir gereizter.
Oder wir fühlen uns benachteiligt und setzen jetzt übereifrig alles daran, diesen Nachteil auszugleichen. Da schießen wir auch schon mal übers Ziel hinaus.

Sich in schwierigen Situationen mal zurückhalten, die Faust in der Hosentasche ballen und den Ärger weg atmen – wer das schafft: großartig.

Sich richtig gut streiten ist eine Lebenskunst. Wer eine Meinung hat, möchte den anderen überzeugen. Der andere will das Gleiche. Daraus könnte sich ein Wettstreit um gute Argumente entwickeln, der uns weiterbringt.

Wenn das aber in Rechthaberei ausartet, ist die Lüge nicht weit. Dann werden Argumente aus den übelsten Hinterzimmern hervorgeholt, um sie dann als Wahrheit zu verkaufen.

Warum glauben Politiker immer, dass sie im Recht seien? Insgeheim glauben sie das gar nicht, sie tun aber so, um gegenüber Parteimitgliedern und Wählern als stark, schlüssig und zielgenau wahrgenommen zu werden.

Im Beruf erleben wir häufig, dass jemand den Streit sucht, um sich damit zu profilieren. Er will damit deutlich machen: Ich musste das unbedingt ansprechen, um ein

Problem zu lösen. Solche Allüren führen auf Dauer natürlich zu einer feindseligen Stimmung. Wer will sich schon vorführen lassen!

Wenn der Geist durchdreht

»Die Äbtissin aber und ihre Schwestern sollen sich davor hüten, zornig oder aufgebracht zu werden wegen der Sünde, die jemand begangen hat, denn Zorn und Aufregung verhindern in ihnen selbst und in den anderen die Liebe.«

Klara

Um den Zorn zu verstehen, den Klara spricht, müssen wir nur auf seinen Gegner schauen: die Sanftmut. Dem Zorn fehlt alles, was dazu beiträgt, gütig zu sein. Der Zorn hat die einzige Aufgabe, alle Wut explosionsartig herauszuschleudern.

Wir wissen von klein auf, dass es besser ist, jähzornigen Menschen aus dem Weg zu gehen. Sie sind brachial, verletzend und ungehemmt. Mit lieben Worten ist ihnen kaum beizukommen. Mit bösen Worten allerdings auch nicht. Wenn Zorn und Zorn trifft, ist die Katastrophe nicht weit.

Der zornige Mensch ist wie ein geistiger Alkoholiker. Im Zorn redet und macht er Dinge, die zu heftigsten Folgen führen können. Um das einmal drastisch auf den Punkt zu bringen: Kann jeder Mensch zum Mörder werden? Eine verwegene Frage mit einer erstaunlichen Antwort.

Der SPIEGEL fragte den Psychiater Andreas Marneros, der vor Gericht Hunderte von Gewaltverbrechern begutachtet hat, ob er schon einmal den Impuls gehabt hätte, eine Frau, die er lieben würde, zu töten?

Er antwortete: »Nein, zum Glück nicht. Wir alle sind ja durch zivilisatorische Prozesse gebändigt. Aber ich weiß nicht, wie ich in einer bestimmten, absolut ungünstigen Konstellation handeln würde.«

Und er führte weiter aus: »Die meisten von uns werden mit ziemlicher Sicherheit keine Diebe, Betrüger oder Vergewaltiger. Das haben wir in der Hand. Aber keiner kann sich sicher sein, nicht zum Mörder aus Liebe zu werden.«

Wenn das Geld ein Teufel ist

»Um jeden Schein von Habgier ... zu vermeiden, soll es in den Kirchen keinen Opferstock geben. Aus dem gleichen Grund sollen wir hochstehenden Personen keine Anstandsgeschenke machen, wie es gewöhnlich geschieht, um von ihnen größere Dinge zu ergattern.«

Ignatius

Geld und Moral führen eine schwierige Beziehung. Das hat Ignatius sauber auf den Punkt gebracht. Er verzichtete auf Geld, um unabhängig zu bleiben. Er dachte bei Geldthemen radikal, um Habgier schon im Ansatz zu vermeiden.

Habgier ist tatsächlich eine besonders üble Form von Bereicherung. Wer keinen Respekt vor Werten hat, verliert das Gefühl für Geld. Er wird gierig. Immer mehr haben zu wollen, geht immer auf Kosten anderer. Die Hemmschwelle, andere über den Tisch zu ziehen, sinkt in dem Maße, wie es kein Genug gibt.

Gier macht süchtig. Sie artet zu einem Lebensprinzip aus, bei dem der Jäger selbst zum Gejagten wird, weil der hartnäckig verfolgte Überfluss nicht befriedigt.

Wie wir sehen und hören

»Alle sollen besondere Wachsamkeit anwenden,
die Tore ihrer Sinne (vor allem die Augen und Ohren
und die Zunge) mit großer Sorgfalt vor aller
Unordnung zu behüten ...«

Ignatius

Wir können uns natürlich nicht die Augen zuhalten, wenn wir gerade eine kritische Situation sehen oder die Ohren zuhalten, um Schimpfwörter oder irgendeinen Unsinn abzuwehren.

Aber glauben wir, was wir sehen und hören – zum Beispiel in den sozialen Medien, Zeitungen, Magazinen, im Radio und Fernsehen? Was sich dort abspielt, grenzt mitunter an Verrat. Wir werden mit Fotomontagen, Farbmanipulationen, gestellten Szenen, Überlichtungen (und, und, und) manipuliert.

Ein Interview im Radio oder Fernsehen kann manipuliert werden, indem Sätze weggelassen oder so geschnitten werden, dass sie dramaturgischer wirken. Wenn aus einer Erklärung mit fünf Sätzen nur ein Satz wird, fehlt der zusammenhängende Sinn oder ein Sinn wird ins Gegenteil verkehrt.

Was wir selbst sagen, können wir in einem Gespräch genauer erklären oder korrigieren. Bei dem geschriebenen Wort ist das anders. Es lässt sich nicht mehr leugnen, nicht mehr relativieren oder korrigieren. Gerüchte, Halbwahrheiten und Unwichtigkeiten schaffen Tatsachen, die dann nicht mehr aus der Welt zu schaffen sind.

Wenn die Schande lauert

»Ich mahne jedoch im Herrn Jesus Christus dringend, dass die Schwestern sich hüten mögen vor allem Stolz, eitler Ruhmsucht, Neid, Habsucht, der Sorge um dem geschäftigen Treiben dieser Welt, vor Ehrabschneider und Murren, Auseinandersetzung und Entzweiung.«

Klara

Klara spricht die Laster an, die es schon immer gegeben hat. Sie sind also keine Besonderheit der damaligen Zeit. Da sehen wir also, wie treu sich der Mensch geblieben ist.

Aber im Bild von Klara zu bleiben. Wir sollten eine Grenze ziehen zwischen der Last, die wir selbst zu tragen haben, und der Last, die wir anderen zumuten. Das allerdings ist tägliche Schwerstarbeit, nämlich, sich zurückzunehmen.

Aber klar, wo der Vorteil lauert, sind die »grapschenden Hände« nicht weit. Der Egoismus ist per se zunächst einmal sinnvoll, weil er darauf abzielt, eigene Bedürfnisse und Wünsche zu achten.

Wer aber ständig andere übertrumpfen möchte, mit welcher Art auch immer, möge sich darin gefallen, aber schändlich wird es dann, wenn Respekt in Arroganz und anderen Selbstgefälligkeiten zum Nachteil anderer umschlägt.

MENSCHEN UNTER MENSCHEN

Von der Liebe zum Nächsten

Über den Respekt
Ehrbare Privilegien
Das weibliche Geschlecht
Der erste Eindruck
Raus aus dem Trubel
Die weltlichen Menschen
Jung und Alt
Gast und Gastgeber
Demut der Gebildeten
Bescheidene Handwerker

Du bist nicht allein. Mit dir leben 8,2 Milliarden Menschen auf der Welt. Aber das nutzt erst einmal gar nichts, weil du keine konkrete Beziehung zu einer Masse aufbauen kannst.

Spannend ist vielmehr, was all die Menschen in die Welt hineintragen. Nichts geht verloren. Alles baut aufeinander auf. Jeder Mensch ist wichtig – mit seiner Kultur, Bildung, Meinung, seinen Talenten und Gefühlen. Wir lernen voneinander.

Wie das funktioniert, offenbart uns das Internetzeitalter. Die digitale Kommunikation radikalisiert jede Vorstellung von Zeit. Sie erfasst keine Jahre, keine Wochen, keine Tage, keine Stunden – es geht auch nicht um Sekunden, es geht um die Sekunde. In diesem Moment schwirren Milliarden von Informationen durch die digitalen Netze. Die Welt ist so nah!

Was uns in dieser Welt aber wahrhaftig verbindet, sind Zuneigung, Respekt und Hingabe. Egal, wie viele Menschen auf der Welt leben und wie sie sich austauschen, sie suchen immer wieder das Menschliche. Diese Suche schafft echte Verbindungen.

Von der Liebe zum Nächsten

»Wer weiß wohl nicht, dass der Mensch ein zu tunliches und geselliges Geschöpf ist, das nicht einzeln und in der Wildnis lebt? Denn nichts ist unserer Natur so eigentümlich, als dass wir gesellig miteinander leben, einander bedürfen und unsere Stammesgenossen lieben.«

Basilius

Einsamkeit ist das große Thema unserer Zeit. Wir brauchen zwingend andere Menschen für das seelische Überleben. Das hat Basilius vor mehr als 1600 Jahren sehr sauber auf den Punkt gebracht.

Einsamkeit ist die neue Volkskrankheit, lesen wir, nicht nur einmal, ständig. So fühlt sich jeder 5. Deutsche über 80 Jahre einsam. Jetzt aber die Überraschung: Auch junge Menschen leiden darunter. In der Altersgruppe der 18- bis 29-Jährigen fühlen sich laut einer repräsentativen Umfrage 17 Prozent oft oder ständig allein. Und die Zahl nimmt von Jahr zu Jahr zu.

Wer allein ist, muss nicht einsam sein. Du kannst das Alleinsein genießen, aber kaum die Einsamkeit.

Alleinsein schafft Freiräume für Muse, Erholung und neue Gedanken. Die Einsamkeit verbaut diese Freiräume. Sie engt ein, macht krank und vergräbt das Leben tief ins Innere. Der einsame Mensch glaubt, er sei nicht liebenswert und fühlt sich ausgegrenzt.

Wie aber können wir der Einsamkeit entweichen? Es geht nur mit anderen Menschen. Das mag eine Binsenweisheit sein. Sie bringt trotzdem das Dilemma auf den Punkt. Nur Menschen können Menschen helfen.

Über den Respekt

»Anderseits sollen aber auch diejenigen, welche in der Welt etwas zu bedeuten schienen, ihre Mitbrüder nicht gering schätzen, die aus armen Verhältnissen in die heilige Gesellschaft gekommen sind. Sie sollen so gesinnt sein, dass sie sich auf ihr Zusammenleben mit armen Mitbrüdern etwas zugutetun als auf die hohe Stellung ihrer Eltern.«

Augustinus

Der Mensch, der mehr hat als andere, weil er aus einem reicheren Elternhaus kommt und deshalb auch eine andere Stellung in der Gesellschaft einnimmt, sollte nicht vergessen, was ihn ausmacht. Es sind nicht seine angeborenen Privilegien, sondern sein Menschsein. Dazu gehört der Respekt vor anderen Menschen, die unter anderen Bedingungen aufgewachsen sind und ihr Leben mühevoller gestalten müssen.

Der verdammt harte Weg nach oben

In Deutschland sind die Aufstiegschancen für Kinder aus armen Familien immer noch geringer als in vielen anderen Industrieländern. Hierzulande könne es sechs Generationen oder 180 Jahre dauern, bis Nachkommen einer einkommensschwachen Familie das Durchschnittseinkommen erreichen, erklärte die Organisation für wirtschaftliche Zusammenarbeit und Entwicklung (OECD). Dagegen brauchen die anderen 24 untersuchten Mitgliedsländer der OECD durchschnittlich fünf Generationen. Auch diese Zahl ist natürlich erschreckend, viel zu hoch.

Quelle: ntv

Ehrbare Privilegien

»Wenn die wegen ihrer früheren Lebensweise
Schwächlichen in der Kost besser behandelt werden,
dürfen diejenigen, die andere Lebensgewohnheiten
stärker gemacht haben, nicht übel nehmen oder
ungerecht finden.«

Augustinus

Allein dieser Satz: »Wieso bekommt er oder sie mehr als ich?« Da schwingt die Angst mit, zu kurz zu kommen. Und diese Angst ist umso größer, wenn wir glauben, uns stünde doch viel mehr zu. Da klafft dann eine große Lücke zwischen dem Wollen und dem Bekommen. Das macht unzufrieden. Warum eigentlich?

Da ist zunächst einmal der Verlierer-Reflex. Ich habe meinen Anteil, der mir zusteht, verloren. Daraus folgt der nächste Reflex: Das ist ungerecht. Und dann: Ich muss jetzt verschärft aufpassen, dass das nicht noch einmal passiert. So werden Raffke geboren. Die Raffgier ist eine besonders übliche Form der Bereicherung.

Und dann gibt es den Satz: »Man muss auch gönnen können.« Wer anderen Menschen den Vortritt lässt, kommt zur Ruhe, weil das ganze Vordrängeln und Beiseiteschieben anstrengend ist. Außerdem zeigt sich darin ein feiner Charakter. Denn was soll man schon von Menschen halten, die nur darauf aus sind, ihre eigene Gier zu befriedigen!

Das weibliche Geschlecht

»Eure Blicke mögen wohl auf eine Frau fallen; aber sie sollen auf keine geheftet werden.«

Augustinus

Das hat Augustinus wunderbar formuliert. Er meint: Liebe ist großartig, aber zieht die Frauen nicht mit euren Augen aus. Also: habt Achtung! Augustinus ist hierbei kein Theoretiker, immerhin lebte er viele Jahre in »wilder Ehe«.

Achtung zeigt sich in vielen Varianten. Wir müssen das Thema nicht mal auf das Sexuelle begrenzen, grundsätzlich geht es um nerviges Machogehabe. Als etwa die

BBC-Journalistin Vicki Sparks zum ersten Mal ein Fußball-Weltmeisterspiel kommentierte, verkündete der ehemalige Kapitän der englischen Nationalmannschaft, John Terry, er müsse das Spiel ohne Ton sehen.

Wie grotesk solches Verhalten ist, müssen Moderatorinnen von Fußballspielen in den sozialen Medien wiederholt erleben. Hohn, Spott und niedergeschriebener Schwachsinn – natürlich ohne richtigen Namen. Feigheit gehört hier zum Geschäft.

Richtig ist allerdings auch, dass manche Frauen sich selbst in harmlosen Situationen pikiert zeigen. Da muss der Mann schon mal genau aufpassen, welche Worte er für ein Kompliment findet. Da kann jeder Buchstabe schnell zu einem Ausrutscher werden.

Google dich mal durch die Seiten: Stichpunkt »sexuelle Belästigung«. Dort findest du alles und nichts, denn die Bandbreite, was erlaubt und was nicht erlaubt ist, macht sprachlos. Es gibt einfach zu viele verschiedene Beurteilungen.

Aber klar: Ungewollte Berührungen und anzügliche Komplimente bedeuten sexuelle Belästigung. Da gibt es keinen anderen Interpretationsspielraum.

Der erste Eindruck

»An die Pforte des Klosters stelle man einen älteren,
verständigen Bruder, der Bescheid entgegenzunehmen
und zu geben versteht. Sein gereiftes Alter
bewahre ihn vor Umschweifen.«

Benedict

Wie ist das noch mal mit dem ersten Eindruck? Wir wissen schon: Schublade auf, Schublade zu, das geht ruckzuck. Wissenschaftler haben errechnet, dass wir, um jemanden einzuschätzen, nur eine Zehntelsekunde brauchen. So lange dauert ein Wimpernschlag. Das Gehirn checkt mit einem Blick Attraktivität, Vertrauenswürdigkeit, Aussehen, Vertrautheit, kulturelle Unterschiede, Kleidung, Kosmetik.

Wenn wir jemanden anschauen, erkennen wir oft intuitiv an der Mimik, welcher Stimmung er ist, was ihn gerade bewegt: Verachtung, Gleichgültigkeit, Freunde, Überraschung, Angst, Ärger, Trauer.

Dass der Mensch diese evolutionär wertvolle Fähigkeit so gut beherrscht, verdankt er spezialisierten Hirnarealen, die der Gesichtserkennung dienen.

Nun gut, davon konnte Benedict natürlich noch nichts wissen. Aber er wusste, wie entscheidend der erste Eindruck ist. Im Kloster trifft der Besucher als Erster auf den Pförtner. Seine positive Ausstrahlung soll für eine angenehme Stimmung sorgen.

Es ist einfach wohltuend, wenn Menschen freundlich sind und sich nicht gelangweilt an einem anderen Menschen »abarbeiten«, ob das beim Empfang in der Arztpraxis, beim Einwohnermeldeamt oder bei der Anmeldung in einem Unternehmen ist.

Was machen wir nach der Zehntelsekunde Blickkontakt, wenn unser erster Eindruck negativ ist? Schublade? Es hilft daran zu denken, dass wir ebenso schnell in eine Schublade verschwinden können, ohne Chance, da wieder herauszukommen.

Die Sprache des Körpers und seine Bedeutung

Finger an die Nase legen	Ein Zeichen der Konzentration oder für Bedenken
Getrommel mit den Fingern	Bedeutet Ungeduld oder Nervosität, möglich ist auch Provokation
Gefaltete Hände	Zeigen deutliche Überlegenheit
Hand vor den Mund halten	Gesagtes soll zurückgenommen werden, Unsicherheit in der Sache
Händereiben	Suggeriert Selbstzufriedenheit, wirkt nicht immer sympathisch
Hände über den Kopf legen	Beim Zurücklehnen zeigt die Geste grenzenlose Souveränität

Herumspielen mit Fingern	Lässt auf Desinteresse, Unkonzentriertheit oder Nervosität schließen
Kopf auf die Hände stützen	Steht für Nachdenklichkeit, Erschöpfung oder Langeweile
Kratzen am Kopf	Ein Zeichen von Ratlosigkeit oder Unsicherheit
Reiben des Kinns	Steht für Nachdenklichkeit und Zufriedenheit
Verschränkte Arme	Bei Männern: Ablehnung und Verschlossenheit. Bei Frauen: Unsicherheit oder Ängstlichkeit
Zum Spitzdach geformte Hände	Signalisieren Überheblichkeit, gleichzeitig Abwehr gegen Einwände

Raus aus dem Trubel

»Mit dem Treiben der Welt brechen.«

Benedict

Was für das klösterliche Leben notwendig sein mag, ist natürlich für unser Leben so nicht anwendbar. Wir müssen deshalb auch nicht mit dem Treiben der Welt brechen, aber wie viel Teilhabe tut uns gut?

Es gibt Menschen, die stehen ständig unter Druck, weil sie etwas verpassen könnten. Eine Freundin kam morgens aus dem Urlaub und war nachmittags schon wieder unterwegs, um an einer Gartenparty teilzunehmen.

Ihre Situation ist schnell beschrieben: Sie kann mit sich selbst nicht viel anfangen und glaubt, sie würde etwas Schönes verpassen. Das führt dazu, dass es ihr recht komisch vorkommt, wenn sie abends mal nichts vorhat. Der Trubel ist immer auf laut gestellt, sie hält die Stille nicht mehr aus.

Das Wörtchen »Achtsamkeit« ist zum Superstar der sanften Lebensgestaltung geworden. Seminare und Bücher arbeiten sich an ihrem Sinn ab. Mein Gott, ich kann nicht jeden Tag über die Achtsamkeit brüten, ich glaube, der gesunde Menschenverstand ist heilsamer.

Was wollen wir eigentlich?

Wollen wir in einem Dorf leben oder in einer Großstadt?

Ein Buch lesen oder doch den Fernseher anmachen?

Gehen wir mal für eine Woche ins Kloster oder doch lieber mit Freunden übers Wochenende auf Tour?

Die große Lösung gibt es nicht. Richtig ist, wenn wir keine Ruhe finden, können wir auch nicht erkennen, was wichtig ist.

Stell dir vor, du dürftest für einen Tag kein Radio hören, kein TV, keine Musik hören, keine Zeitung lesen, kein Buch lesen, keine Notizen machen, kein Smartphone oder

Internet benutzen, keine E-Mails schreiben, keine sozialen Medien bearbeiten und kein Wort sprechen?

Also: das totale Schweigen. Keine Ablenkungen, keinen Ausschweifungen, keine Zerstreuung. Eine Zeit der kompletten Stille. Kaum auszuhalten, weil es in keiner Weise unserer Gewohnheit entspricht. Genau das ist der Punkt. Wir liefern uns den ganzen Tag einer Gewohnheit aus. Wir hören die Stille nicht mehr. Das ist unser gewöhnliches Leben.

Die weltlichen Menschen

»Wie die weltlichen Menschen, die der Welt folgen,
Ehren, guten Ruf, das Ansehen eines großen Namens
auf Erden lieben und mit so großer Beflissenheit suchen, so wie die Welt es sie lehrt; ebenso lieben und ersehnen jede, die im Geiste fortschreiten und in Wahrheit
Christus unserem Herrn nachfolgen, brennend das vollkommene Gegenteil ...«

Ignatius

Früher wie heute: um die Mächtigen, Schönen und Reichen scharren sich Menschen, um an deren Macht, Schönheit und Reichtum wenigstens für Augenblicke zu kosten.

Ignatius wusste nur zu gut, dass es nur eine Möglichkeit gibt, diese Eitelkeit nicht mitzumachen: radikal Abstand halten.

Das Imponiergehabe der Menschen, ach ja, ich bin auch wichtig, gehört zum Menschsein. Wo ziehen wir aber die

Grenze zwischen notwendiger Profilierung und quengelnder Selbstinszenierung? Die Grenze liegt genau dort, wo wir uns selbst entdecken: Das bin ich, und das bin ich nicht.

Wer sich also selbst wertschätzt, hört mit all den überdrehten Spielchen auf, sich in die Sonne der anderen zu quetschen. Es gibt schönere Plätze mit Sonne.

Jung und Alt

> »Die Jüngeren sollen also die Älteren ehren,
> die Älteren die Jüngeren lieben.«

> Benedict

»Generationenkonflikt« zu einem Modewort verschiedener soziologischer oder psychologischer Deutungen verkommen. Ich möchte aber nicht von einem Konflikt sprechen, sondern von einem Auseinanderdriften von Lebenswelten, durch Alter und Erfahrung geprägt.

Das Beharken von Jung und Alt hat es immer gegeben. In ihrer Gegenseitigkeit tun sie nichts. Aber es kommt auf die Nuancen an. Wer geistig und körperlich fit ist, kann sich eben nicht vorstellen, wie sich das Altsein anfühlt – nicht nur medizinisch, sondern auch durch bloßes Festhalten an gewohnten Ansichten, weil sie wie in Anker wirken.

Benedict denkt nicht nur an die Würde der älteren, sondern auch an jüngere Menschen. Heute würden wir sagen:

Lasst Kinder Kinder sein, regt euch nicht auf, wenn sie laut sind, lasst sie spielen und glücklich sein.

Noch immer gibt es Schilder wie:

»Spielen im Hof ist verboten.«

»Das Spielen der Kinder auf Hof, Flur und Treppen ist im Interesse der Mieter untersagt.«

»Ball spielen ist untersagt.«

Manche Verbote sind tatsächlich nachvollziehbar, aber es fällt schon auf, dass diese Verbotsschilder häufig in sozial schwierigen Gegenden mit anonymen Hochhaussiedlungen zu finden sind.

Warum ist das so?

Gast und Gastgeber

> »Alle Gäste, die zum Kloster kommen,
> werden wie Christus aufgenommen.«
>
> Benedict

Wenn du Gäste erwartest, holst du dann einen guten oder einen weniger guten Wein aus dem Keller? Allein mit dieser Frage beginnt das Taktieren: Was ist mir dieser Gast wert?

Das Thema »Gäste« ist Benedict so wichtig, dass er in seiner Regel ausführlich darauf eingeht. Der Gast ist für ihn nicht *ein* Mensch, sondern *der* Mensch – konkret statt beliebig. Er soll alles Notwendige und noch mehr erhalten, damit er sich wohlfühlt.

Darin wirkt ein großes Kompliment für den Gast: Du bist mir wichtig, ich freue mich auf dich. Wer das nicht so sehen mag, ist ein schlechter Gastgeber. Er hat nur im Sinn: Hoffentlich geht der Besucher gleich wieder. Auf Dauer funktioniert diese Einstellung natürlich nicht. Wer einen Gast nicht gut behandelt, wird dann selbst nicht mehr eingeladen.

Demut der Gebildeten

> »Der Ehrsucht sollen die Tore verschlossen werden.
> Ja, es sollen alle einander in Ehrerbietung
> zuvorkommen und die Gelehrtesten danach trachten,
> die letzten Plätze einzunehmen.«

Ignatius

Ignatius war ein Anhänger der elitären Bildung, forderte aber die Gebildeten auf, sich auf die Bildung nichts einzubilden. Um das noch zu klarer zu sagen: Ein Mensch wird nicht dadurch ein besserer Mensch, dass er schlauer ist als der andere.

Der gebildete Mensch entwickelt mitunter Allüren gegenüber Handarbeitern. Was geistig erarbeitet wird, ist demnach wertvoller als das, was mit der Hand bewerkstelligt wird. Auf den Punkt gebracht: Der Professor steht über dem Malermeister. Wer sich auf solche Gedanken einlässt, verkennt den Wert von Arbeit.

Dieser Wert bemisst sich nicht nach Image, Titel und Gehalt, sondern danach, was der Einzelne mit seiner konkreten Schaffenskraft für andere Menschen einbringen kann.

Bescheidene Handwerker

»Sind Handwerker im Kloster, so sollen sie in aller
Bescheidenheit ihr Handwerk ausüben, wenn der Abt es
gestattet. Überhebt sich aus ihnen einer wegen
der Kenntnisse in seinem Handwerk, weil er nämlich
glaubt, dem Kloster zu nützen, so enthebe man
ihn von dieser Beschäftigung.«

Benedict

Anstrengend sind Menschen, die ihr Können immer wieder hochjubeln müssen, um Komplimente zu ernten.

Benedict macht deutlich, dass Stolz die Demut braucht, um Angeberei und Wichtigtuerei zu unterbinden. Wer wirklich wichtig ist, muss das nicht betonen, die Menschen erkennen es. Eine Persönlichkeit wird man nicht, man ist es.

Schade nur, dass der Angeber nicht bemerkt, wie wir über ihn denken. Das wäre für ihn immerhin eine Chance, sein Verhalten zu ändern.

WORTE

Vom Schweigen
Rede das Wesentliche
Quasseln
Das überlegte Wort
Das notwendige Wort
Das falsche Wort
Anständig reden
Machen statt reden

Die quasselnde Frau, der wortkarge Mann? Nur ein Klischee. Amerikanische Wissenschaftler haben herausgefunden, dass Frauen und Männer fast genau so viel reden, pro Tag etwa durchschnittlich 16.000 Wörter.

Ich stelle mir gerade diese Situation vor: Sagt die Frau zum Ehemann: »Warum sagst du denn nichts?« Antwortet der Mann: »Ich habe meine Tagesration an Wörtern schon aufgebraucht.«

Dann folgt das Schweigen. Weitere Kommunikation ausgeschlossen. Das ist in unserer konkreten Welt natürlich nicht möglich. Fragen verlangen nach Antworten. Überdies müssen wir uns mitteilen, weil das so in uns angelegt ist. Unser Geist, unsere Seele oder Psyche brauchen die Sprache. Ohne sie würden wir verkümmern.

Es gibt wichtige und unnütze Worte, es gibt Worte, die wahrhaftig sind oder solche, die einer Lüge aufsitzen.

Alles nur Worte. Spüren wir doch einmal nach, was wir

sagen, warum wir es sagen und wie viel Wahrheit darin steckt. Vielleicht entdecken wir etwas Neues an uns.

Vom Schweigen

»Es ist für die Novizen gut, sich im Stillschweigen zu üben. Denn durch die Zähmung der Zunge geben sie einen hinlänglichen Beweis von Selbstbeherrschung und im Schweigen lernen sie zugleich, fleißig und aufmerksam von solchen, die die Sprache gehörig zu gebrauchen wissen, wie sie fragen und auch jedem antworten sollen... Zudem lehrt das Stillschweigen das Frühere vergessen, weil es stillgelegt wird, und gibt Muße, das Gute zu lernen.«

Basilius

Wie lange hältst du es aus, nichts zu sagen und einfach mal den Mund zu halten? Gewiss ist das Schweigen zunächst einmal eine wunderbare Übung, um sich zu beherrschen. Genau betrachtet geht es um eine grundsätzliche Kausalkette:

Wer schweigt, hört zu.
Wer zuhört, verinnerlicht ein Thema.
Wer ein Thema verinnerlicht, denkt weiter.
Wer weiter denkt, ahnt, wohin etwas führt.
Wer das Wohin erkennt, wird aufgeschlossener, ruhiger, fester, mutiger.

Das Schweigen kann aber auch als rhetorische Waffe eingesetzt werden. Es offenbart aber auch Unsicherheit,

Gleichgültigkeit oder Konfliktvermeidung. Menschen, die schweigen, haben also üblicherweise nicht Basilius im Sinn, sondern eher die Kommunikationswissenschaftler Vazrik Bazil und Manfred Piwinger. Danach schweigen Menschen, weil sie

- über ein Thema nicht informiert sind
- es nicht für dringlich halten, darüber zu sprechen
- die Diskussion über ein kontroverses Thema vermeiden
- einverstanden sind mit dem Gesagten oder nicht
- unentschlossen sind
- sich nicht sicher sind, was der andere meint
- scheu sind
- unhöflich sind
- jemanden anderen strafen wollen
- psychisch gestört sind
- nicht die richtigen Worte finden.
- einen anderen nicht verletzen wollen.
- verärgert sind.
- andere gefügig machen wollen.
- Gerüchte in die Welt setzen wollen.

Einsame Menschen wissen genau, wie sich das Schweigen anfühlt. Sie haben ja keinen anderen Menschen, mit dem sie sprechen könnten. Dann nutzen sie jede Gelegenheit zu einem Plausch, an der Ladentheke, bei der Post, wo auch immer. Einsame Menschen haben nachvollziehbar den Wunsch, bei einer Gelegenheit möglichst viel zu sprechen, was wiederum bei den Gesprächspartnern nicht immer gut ankommt.

Rede das Wesentliche

»Während sie bei der Arbeit sitzen, sollen sie schweigen, wenn nicht etwa die Arbeit selbst die Notwendigkeit mit sich bringt, dass einer etwas rede.«

Augustinus

Ich übersetze Augustinus Regel mit »Konzentration«. Konzentriert euch auf das Wesentliche. Lasst euch nicht ablenken. Spüre, was du gerade tust. Dann hast du auch keine Zeit für floskelhaftes Reden – wie:

»Nein wirklich?!«

»Toll!«

»Interessant!«

»Und? Wie ging es weiter?«

»Ehrlich?«

»Mhm.«

»Mhmmmm?«

»Mhmmmmmmmm.«

»Unglaublich.«

»Echt jetzt?«

Welcher Sprach-Typ bist du?

Der abwägende Typ:
Positiv: überlegt
Negativ: langsam

Der sensible Typ:
Positiv: fürsorglich
Negativ: empfindlich

Der mutige Typ:
Positiv: selbstbewusst
Negativ: selbstgefällig

Der charmante Typ:
Positiv: begeisterungsfähig
Negativ: unverbindlich

Quasseln

»Vieles Reden nicht lieben.«

Benedict

Was Benedict meint: Erschlagt euch nicht mit Worten.
Menschen, die mehr Worte als nötig reden, neigen zu
Wiederholungen. Der zehnte Satz erinnert an den zweiten
Satz. Sie reden ohne Struktur und Ziel. Sie quälen den Zu-
hörer, der letztlich gar nicht mehr weiß, worum es eigent-
lich geht.

So klappt es nicht mit dem Sprechen:

- Du wirst zugequatscht und kommst selbst nicht zu Wort.

- Du wirst ständig unterbrochen.

- Weder du noch dein Gesprächspartner haben keinen blassen Schimmer, was der jeweils andere eigentlich meint.

- Das Gespräch findet kein Ende, weil sich jeder Gesprächspartner mit vielerlei Details in die Sackgasse reden.

- Das Gespräch wird unsachlich.

Mache besser einen großen Bogen um diese Typen:

Schauspieler: Sie heucheln ein Interesse vor.

Starrkopf: Sie wollen immer Recht bekommen.

Narzisst: Sie hören sich selbst am liebsten reden.

Trickser: Sie drehen einem das Wort im Munde um.

Streber: Sie haben ganz schnell zu allem eine Meinung.

Das überlegte Wort

»Ich rate den Brüdern und fordere sie dazu auf, sich ihre
Predigt gut zu überlegen und zum Nutzen und zur Er-
bauung der Menschen zu predigen. Kurz sollen sie predigen, so wie es Jesus auf Erden getan hat; sprechen sollen
sie über die Fehler und Tugenden, von der Straße und
der kommenden Herrlichkeit.«

Franziskus

Wenn Menschen von einer Idee oder Sache begeistert
sind, reden sie ohne Punkt und Komma. Solchen Rednern
fehlt manchmal die Empathie. Sie können sich partout
nicht vorstellen, dass sie gerade dabei sind, sich um Kopf
und Kragen zu reden, weil das Thema völlig an den Gesprächspartnern vorbeigeht. Gesprächspartner ist dann
ein falsches Wort. Richtiger wäre: Gesprächsopfer.

Die meisten Menschen schalten dann nach 30 Sekunden
ab und wenden sich ihren eigenen Gedanken zu oder fangen an, sich zu langweilen. Die Gründe: Andere Gefühle,
Bedürfnisse, Werte, Erwartungen, Rollen, Kultur, Bildung
oder Hierarchie.

Um aber diese 30-Sekunden-Falle auszuschließen, sollte der
Redner – so Franziskus – so reden, dass die Zuhörer ein Aha-
Effekt haben. »Ja, was ich gehört höre, das bringt mir etwas.«

Der Verhaltensforscher und Nobelpreisträger Konrad Lo-
renz hat die Tücken der Sprache einmal so auf den Punkt
gebracht:

»Gedacht heißt nicht immer gesagt,
gesagt heißt nicht immer richtig gehört,
gehört heißt nicht immer richtig verstanden,
verstanden heißt nicht immer einverstanden,
einverstanden heißt nicht immer angewendet,
angewendet heißt noch lange nicht beibehalten.«

Das notwendige Wort

»Wer immer durch eine Schmährede oder ein Schimpfwort
oder gar durch den Vorwurf eines Verbrechens jemand
verletzt hat, der soll darauf bedacht sein, seinen Fehler so
schnell wie möglich wiedergutzumachen; der Beleidigte
aber soll ohne lange Auseinandersetzung verzeihen.«

Augustinus

Wehret den Anfängen. Deshalb ist für Augustinus völlig
klar: Es gehört sich einfach, für einen Missgriff um Entschuldigung zu bitten, und der Beleidigte sollte akzeptie-
ren, dass es dem anderen leidtut.

Augustinus wusste, wohin es führt, wenn der Beleidigende
sich nicht entschuldigen will oder der Beleidigte eine Entschuldigung nicht annehmen möchte.

So entsteht eine Krise. Sie ist eine Inszenierung von zwei
Menschen, die sich nicht annähern wollen. Sie führt un-
weigerlich zu weiteren Missverständnissen, zu Distanz
und Aufregung, sie polarisiert und polemisiert. Eine Krise
bedient Emotionen und keine Logik.

Der französische Staatstheoretiker Alexis de Tocqueville hat den treffenden Satz gesagt: »Der Mensch bleibt in kritischen Situationen selten auf seinem gewohnten Niveau. Er hebt sich darüber oder sinkt darunter.« Krisen verändern Menschen, zum Guten oder Schlechten. Sie machen stark und erfinderisch – oder sie lähmen und verhindern gute Absichten.

Das falsche Wort

»Und sie sollen sich nicht unterfangen,
Gerüchte von der Welt ins Kloster zu tragen.«

Von Klara

Wenn ein Satz mit den Worten beginnt: »Weißt Du schon, dass ...«. Dann sollten wir hellhörig werden. Da will uns jemand eine Neuigkeit mitteilen, von der wir nicht wissen, was wir davon halten sollen. So oder ähnlich entstehen Gerüchte.

Eine Gesellschaft lebt von und mit Gerüchten. Sie sind das älteste Medium der Welt – skurril und manchmal auch erbärmlich. Das Gerücht hat einen lügenhaften Charakter.

Die Neugierde formt eine eigene Wirklichkeit, die sich schnell verbreitet. »Nichts ist schneller als das Gerücht«, sagte schon der römische Geschichtsschreiber Livius Titus, der um Christie Geburt lebte.

Gerüchte sind gefährlich, weil sie einen Schaden anrichten, ohne dass etwas Greifbares passiert wäre.

Besonders gefährlich sind inszenierte Gerüchte, die absichtlich zum Schaden eines Menschen oder einer Sache lanciert werden. Dagegen kann man sich kaum wehren, weil der Urheber eines Gerüchtes nicht auszumachen ist. Selbst wenn: das Gerücht hat sich ja längst verbreitet und schafft so eigene Wirklichkeiten.

Gerüchte sind trotz ihrer Gefahren sehr aufschlussreich. Sie zeigen, was gedacht werden soll.

Klara geht den einzig richtigen Weg: keine Gerüchte! Wir machen das nicht mit! Das so lupenrein hinzubekommen, ist natürlich schwierig. Aber es reicht schon, dass wir einmal darüber nachdenken, was wir so alles weitererzählen.

Genau betrachtet wirkt das Gerücht wie eine Lüge. Grundsätzlich geht es darum, wie wir mit einer Wahrheit umgehen, ob wir sie biegen oder uns ihr stellen. So oder so: Es geht um das notwendige Wort. Wie häufig lügen wir, weil wir es als notwendig erachten, die Wahrheit zu verleugnen? Statistisch gesehen sagen wir etwa 200 Mal am Tag. Warum das so ist, erklärt die Psychoanalytikerin Doris Wolf.

Wir lügen ...

aus Höflichkeit: »Der Nachmittag war sehr schön mit Ihnen.«
weil wir dem Anderen Enttäuschungen ersparen oder ihm nicht wehtun wollen: »Das steht Ihnen gut«. »Das Geschenk gefällt mir gut«. »Ich kann leider nicht zu deinem Geburtstag kommen. Mir geht es nicht gut«. »Du siehst großartig

aus« (obwohl er schlecht aussieht). »Mit Ihnen geht es wieder aufwärts«, sagt der Arzt und verschweigt die geringe Lebenserwartung.

---

aus Angst vor Konflikten und um Verantwortung nicht tragen zu müssen: »Ich habe nichts davon gewusst«.
weil wir eine Missbilligung durch andere vermeiden wollen und um freundlicher, klüger und anständiger zu erscheinen.

---

aus Scham, um die Kulisse zu wahren: »Ich war es nicht«.

---

weil wir besser dastehen wollen oder um Mitleid zu bekommen.

---

weil wir unsere Gefühle und Meinung verbergen wollen. Dahinter verbirgt sich die Angst vor Ablehnung. Wir lügen aus Angst vor negativen Konsequenzen. Wir haben etwas Falsches oder Unrechtmäßiges getan und wollen unseren guten Ruf nicht verlieren bzw. der Bestrafung entgehen.

Wir belügen uns auch selbst, wenn wir uns etwas vormachen.

Anständig reden

»Ich rate meinen Brüdern, warne und ermahne sie, sich mit den Menschen nicht zu streiten und sich nicht in fruchtlose Diskussionen einzulassen und nicht über andere zu urteilen. Vielmehr sollen sie voller Geduld, friedfertig und bescheiden, gütig und demütig sein und mit allen anständig reden, wie es sich gehört.«

Franziskus

Mal seine Meinung sagen, es muss raus, nicht alles schlucken: ja, richtig so. Wer sich immer zurückhält, um dem anderen nicht nahezutreten, wird krank. Außerdem entwickelt sich ein Thema nur dann weiter, wenn auch gegensätzliche Meinungen zum Tragen kommen.

Jetzt kommt aber der entscheidende Punkt, den Franziskus angesprochen hat: Diskussionen, die erkennbar nichts bringen, enden in einer Zankerei. Und wie häufig überwerfen sich Menschen mit Kraftausdrücken und Schimpfwörtern, um ihren Ärger Luft zu machen.

Wir müssen nur einmal die beleidigenden Angriffe von Politikern auf andere Politiker hören, um die Albernheit einer Rechthaberei festzustellen. Wer glaubt, im Recht zu sein, verliert sehr häufig seine Fassung. Er wird lauter. Die Lautstärke ersetzt aber kein gutes Argument.

So zerstörst du ein Gespräch	So förderst du ein Gespräch
Ausfragen	Aktiv zuhören
Belehren	Beteiligen
Bewerten	Denkanstoß geben
Drohen	Ermutigen
Herunterspielen	Gefühle ansprechen
Ironisieren	Ernst nehmen
Lebensweisheiten anpreisen	Mitteilen
Ratschläge geben	Nachfragen
Verspotten	Unterstützen
Von sich reden	Wertschätzen
Warnen	Zusammenfassen

Machen statt reden

»Als Erstes drängt sich auf: das gute Beispiel wahren christlichen Adels und wahrer christlicher Tugend, mit dem Bemühen, jene, mit denen man verkehrt, weniger durch Worte, als vielmehr durch gute Werke aufzuerbauen.«

Ignatius

Der Maulheld redet und redet und redet, aber er gibt seinen Worten kein Beispiel. Er ist ein Theoretiker, kein Praktiker. Er ist ein großer Erklärer, aber er weiß überhaupt nicht, wovon er spricht. Wer nie krank war, kann wunderbar über Schmerzen reden, aber wie sich der Schmerz anfühlt, weiß er nicht.

Der Maulheld fährt dann zu großer Form auf, wenn er sagt, was sich alles ändern müsse, damit dies und das passiert. Wenn es aber darum geht, all seine Forderungen konkret umzusetzen, setzt er sich auf die Zuschauertribüne.

Ignatius spricht davon, mit einem guten Werk voranzugehen. Nur so verstehen die Menschen, worum es konkret geht. So entsteht auch Vertrauen, weil jeder das Ergebnis sieht. Vor allem aber: Da ist jemand, der nicht nur redet, sondern auch handelt.

Welches Ergebnis wollen wir für uns persönlich erreichen? Wenn wir etwas wollen, schaffen wir das nicht allein mit Worten, sondern letztlich mit Taten. Es beginnt immer mit dem ersten Schritt. Wer immer nur über das Ach und Wie lamentiert, bleibt nicht nur stehen, er fällt zurück – hinter seinen Erwartungen und Wünschen.

GENIESSEN UND VERZICHTEN

Leibliches Wohl
Über das Fasten
Alles hat seine Zeit
Übereifer

Wer im alten Rom von Lucius Licinius Lucullus eingeladen wurde, durfte sich über ein prächtiges Mahl freuen. Denn der Senator und Feldherr – er lebte von 117 bis 56 vor Christi – war stadtbekannt für seine üppigen Genüsse. Aber ihm ging es nicht nur um das appetitliche Essen, sondern auch um geistige Nahrung. Er philosophierte gerne und suchte die geistreiche Debatte.

Das Fleischerhandwerk hat seine Kundenzeitschrift nach Lukullus benannt, allerdings geht es da um Wurst und Fleisch und nicht um Philosophie.

Genuss bedeutet, sich einer *Sache* bewusst hinzugeben und bewusst aufzunehmen. Wer das Schöne nicht sieht, kann auch nicht genießen.

Ich glaube, dass Genuss auch nur durch zeitlichen Verzicht funktionieren kann. Wie wollen wir das Außergewöhnliche bewusst aufnehmen, wenn daraus eine Routine geworden ist? Wir verlieren den Blick für das Wesentliche.

Leibliches Wohl

> »Am Samstag und Sonntag sollen der Gewohnheit
> gemäß diejenigen, die Wein haben wollen, solchen
> erhalten.«

> Augustinus

Augustinus hat das wahrlich erkannt: Der Mensch lebt nicht nur von guten Worten, sondern auch vom leiblichen Wohl. Wein statt Wasser! Das ist ehrlich. Wer sich nur für ein Ideal matert, verliert irgendwann seine Innigkeit. Das Ideal leiert aus.

Natürlich gibt es auch Kostverächter, die einer übertriebenen Körperkultur nachhängen. Vor kurzem beobachtete ich im Restaurant zwei schlanke Frauen am Nachbartisch. Sie bestellten Salat.

Meinte die eine Frau nach einer Weile: »Ach, das ist ja viel.« Und die andere antwortete: »Ich bekomme das auch nicht auf.«

Also, mir würde es keinen Spaß machen, mit solchen Menschen essen zu gehen. Wer nicht genießen kann, lebt am Leben vorbei. Das sehen diese beiden Frauen allerdings komplett anders. Und das akzeptiere ich natürlich. Ich muss es ihnen ja nicht gleichtun.

Über das Fasten

»Euer Fleisch bezähmt durch Fasten und
Enthaltsamkeit in Speise und Trank, soweit
es die Gesundheit erlaubt.«

Augustinus

Nur die Starken sollen Verzicht üben, nicht die Schwachen. Es macht auch keinen Sinn, einen schwächlichen Menschen durch Verzicht weiter zu schwächen.

Wenn Augustinus die Enthaltsamkeit vorgibt, meinte er damit auch das gierige Essen und das Verlangen nach dem Immer-mehr. Wer satt ist, sollte nicht mehr essen. Völlerei gleich Gier. So einfach ist die Formel für Maßlosigkeit.

Viele Menschen gönnen sich eine Auszeit. Sie buchen Fasten-Kuren oder Kuren für eine gesunde Ernährung. Man muss diese Begriffe nur einmal in Google eingeben, um die zahlreichen Angebote zu finden.

Das Gleiche gilt für Alkoholpausen während der österlichen Fastenzeit. Da denkt fast keiner an die kirchliche Fastenzeit von Aschermittwoch bis Ostern, sondern nur an seine Gesundheit. Etwas Ruhe für die Leber!

Alles hat seine Zeit

»In offensichtlichen Notzeiten brauchen
die Brüder auch nicht zu fasten.«

Franziskus

Franziskus wird sich gedacht haben: Alles hat seine Zeit. Es ist dumm, eine Sache durchzuziehen, wenn die Zeit nicht danach ist. Manchmal wollen wir etwas, spüren aber, dass etwas in uns hakt, dass die Zeit dafür nicht reif ist. Dann sollten wir es liegen lassen, statt es mit Gewalt zu wollen. Gewalt kennt nur Opfer. Wenn wir uns überfordern, opfern wir uns – mit Krankheit oder Sinnkrisen.

Alles hat seine Zeit: Das bedeutet aber nicht, als sei der Lauf des Lebens unabänderlich. Wir können Flut und Ebbe nicht ändern, auch nicht Sommer und Winter, und auf vieles mehr haben wir tatsächlich keinen Einfluss. Aber wir sind die Akteure unseres Lebens.

Deshalb sollten wir uns Zeit nehmen, über das Offensichtliche nachzudenken und dann dieser Spur weiter zu folgen.

Übereifer

»Die Züchtigung des Körpers darf nicht maßlos sein, nicht unbedacht in Fasten, Nachtwachen und anderen Bußübungen und Mühseligkeiten, die größere Güter schädigen und verhindern.«

Ignatius

Übereifer führt häufig dazu, dass wir uns verlieren in der allzu großen Strebsamkeit und dann über das Ziel hinausschießen. Wir bleiben dann hinter unseren Erwartungen zurück. Der Übereifer ist wie ein Kraftprotz, der zwar starke Muskeln hat, aber keine Kondition. Wem aber schnell die Puste ausgeht, hängt irgendwann mal durch. Dem Enthusiasmus folgt die Enttäuschung.

Immer geht es darum, welchen Sinn wir verfolgen und wie wir diesen Sinn erfolgreich umsetzen können. Entscheidend ist, dass wir uns darüber klar werden, was wir tatsächlich ändern können, ohne unzufrieden oder krank zu werden.

Wer zum Beispiel zur Einsicht kommt, dass er sich zunächst ausgewogener ernähren sollte, ehe er davon träumt, dass täglich die Kilos purzeln, bekommt eine andere Haltung zum Essen. Das ist entscheidend – und das gilt für alle Lebensbereiche.

SEIN UND WOLLEN

Offensives Auffallen
Auf dich schauen

Es ist allzu menschlich, dass wir unsere guten Seiten hervorheben. Das sind dann die Vorzüge, von denen wir meinen, damit imponieren zu können. Wir wollen also Eindruck machen und damit Bewunderung auslösen.

Aber was passiert, wenn unser schöner Schön von anderen Menschen völlig anders wahrgenommen wird? Hoffentlich merken wir das, denn sonst tappen wir in eine große Falle, aus der wir so schnell nicht mehr herauskommen. Wenn sich erst einmal ein schräges Bild über uns in den Köpfen verfestigt hat, hält sich dieses Image wie Beton.

Der schöne Schein liegt nicht nur im Geldbeutel, sondern zeigt sich auch im Gesicht. Dass Botox kein Getränk ist, sondern ein Nervengas, das ins Gesicht gespritzt wird, um Falten zu glätten, weiß mittlerweile fast jede Frau.

Schönheitsoperationen liegen voll im Trend, und zwar in dieser Reihenfolge: Oberlidstraffungen. Fettabsaugung und Brustvergrößerung. Wer sich damit wohler fühlt: bitte!

Ich wundere mich nur, dass Frauen das Risiko einer Schönheitsoperation eingehen und ihr Äußeres verschlimmbessern. Ich bin ehrlich, ich mag keine Schlauchbootlippen und ich mag auch keine maskenhaften Gesichter, die ein normales Lächeln nicht mehr zulassen, weil die Haut straff gezogen worden ist.

Offensives Auffallen

»Eure Kleidung sei nicht auffallend; und strebt
nicht danach, durch eure Kleidung, sondern durch
eure guten Sitten zu gefallen.«

Von Augustinus

Kleider machen Leute. Das stimmt. Der erste Blick, die
erste Wahrnehmung: Danach werden wir beurteilt. Die
Frage ist natürlich auch, welche Wirkung wir erzielen
wollen. Jeans oder Kleid? Natürlich spielt der Anlass eine
Rolle. Mit ausgebeulter Hose gehen wir zu keiner Hochzeit und zu keinem Bewerbungsgespräch, es sei denn,
ein autarker Kleidungsstil gehört zu einem bestimmten
Selbstverständnis. Auf meiner Hochzeit zum Beispiel er-
schien ein Künstler im Blaumann.

Aber machen wir uns nichts vor. Mode ist nur eine
Äußerlichkeit. Mode macht aus Menschen keine Persönlichkeiten. Mode hat nur den einen Sinn, mit einer bestimmten Kleidung eine Persönlichkeit zu unter-
streichen.

Wer sich also mit Mode inszeniert und damit etwas ausdrückt, was er nicht ist, könnte sich damit schnell lächerlich machen. Es ist ohnehin ein Phänomen, dass nach
einem Urlaub viele Frauen urplötzlich Taschen mit bekannten Initialen von Luxusmarken tragen. Na klar, Fakes
auf einem Basar in der Türkei oder einem Touri-Shop in
Spanien für 15 Euro erworben.

Um im Sinne von Augustinus zu argumentieren: Was nutzt ein Top-Manager in einem exakt sitzenden, sündhaft teuren Anzug, wenn er mit waghalsigen Strategien ein Unternehmen zum Wanken bringt? Auf die guten Sitten kommt es an. Ohne Moral geht es nicht. Und das hat nichts mit Kleidung zu tun.

Auf dich schauen

»Alle sollen geringwertige Kleidung tragen, die auch ruhig geflickt sein darf. Ich warne und ermahne alle Brüder, dass die Menschen nicht verachten und verurteilen, die sie teuer und modisch gekleidet und gut essen und trinken sehen. Vielmehr soll jeder seine eigenen Schwächen verurteilen und verachten.«

Franziskus

Was Franziskus ausdrückt: Es lohnt sich nicht, auf die neidisch zu sein, die tatsächlich mehr haben als wir. Abgesehen davon: Wir wissen nicht, ob der Mensch, den wir bewundern, auch glücklich ist. Vielleicht sind wir viel glücklicher?

Wir beschäftigen uns viel zu wenig mit unserem eigenen Glück. Unsere Kinder. Unsere Arbeit. Gemeinsame Erlebnisse. Die Freunde. Viele Details. Klar: Wer immer nur Großes denkt und darin schwelgt, ohne die Ziele zu erreichen, bezahlt das mit Unzufriedenheit.

Glück ist für mich auch kein Zufall. Nun gut, wer im Lotto gewinnt, wird sich darüber natürlich »glücklich schätzen«. Aber das »Glücklich sein« meint etwas anderes: ein tiefes Gefühl und Gespür für das Leben, das es gut mit einem meint. Und so etwas kommt nicht vom Himmel gefallen, es entwickelt sich, wenn man es denn zulässt.

Glauben wir, wer wir sind?

Der Schweizer Schriftsteller Max Frisch hat mit seinem Theaterstück »Andorra« einen wichtigen Beitrag zur Sozialpsychologie geleistet. Es geht um den jungen Mann Andri, der von seinem Vater als jüdisches Pflegekind ausgegeben wird und dann selbst daran glaubt, obwohl er es gar nicht ist. Und das wiederum wirkt sich auf sein konkretes Leben mit antisemitischen Vorurteilen aus. Als er sich um einen Ausbildungsplatz als Tischler bewarb, meinte der Inhaber, dass Juden keine handwerklichen Fähigkeiten hätten, sie könnten viel besser verkaufen. Nach und nach übernimmt der Junge alle die ihm zugeschriebenen Eigenschaften, die er aber tatsächlich gar nicht hat. Seit diesem Theaterstück spricht man in der Sozialpsychologie von einem »Andorra-Effekt«. Danach wird ein Mensch zu etwas gemacht, was ihn wahrlich nicht ausmacht, aber der Mensch passt sich diesen Zuschreibungen an. Es handelt sich also um eine sich selbst erfüllende Prophezeiung.

VOM ICH ZUM WIR

Einfühlsam sein
Fürsorglich sein
Selbstverantwortung

Stellen wir uns nur für einen Moment vor, es würde keine
Solidarität geben. Wir können es nicht denken.

Solidarität, aus welchem Anlass auch immer, macht uns
feinfühliger und offener für das Leben. Nichts ist selbst-
verständlich.

Solidarität bedeutet zunächst einmal, dass die Starken die
Schwachen unterstützen. Das Ziel muss lauten: Hilfe zur
Selbsthilfe. Der Mensch soll sich aus seiner Abhängigkeit
befreien und ein selbstbestimmtes Leben führen können.

Solidarität bedeutet aber auch, ein gemeinsames Anliegen zu unterstützen – eine Idee, eine Meinung, ein Ziel.

Einfühlsam sein

»Wenn jemand von den Brüdern krank wird, dann sollen
die anderen ihn so behandeln, wie sie selbst in so einer
Situation auch behandelt werden möchten.«

Franziskus

Die Starken können sich manchmal nicht vorstellen, wie
sich das Schwachsein anfühlt. Wer gesund und vital durch

das Leben geht, dem mag schon mal der Spruch heraus-
rutschen: »Stell dich doch nicht so an.«

Diesem Menschen fehlt eine grundsätzliche Eigenschaft:
das *Mitfühlen*. Wer nicht fühlen kann, wie ein anderer sich
fühlt, kann auch nicht dienen. Wer nicht dienen kann,
verlangt immer nur. Er ist ein Haben-Mensch und kein
Gebe-Mensch.

Das beginnt langsam. Irgendwann kommt dann auch
noch die Arroganz hinzu. Es ist fast schon ironisch, dass
die privilegierten Menschen die unterprivilegierten Menschen brauchen, um Differenzierung offensichtlich werden zu lassen. Es muss deutlich werden, wem es bessergeht. Das schafft Genugtuung. Und darin wirkt ein ganz
schwacher Charakter.

Fürsorglich sein

> »Was die kranken Schwestern angeht, so soll die
> Äbtissin streng verpflichtet sein, in eigener Person
> und durch die anderen Schwestern sich sorgfältig zu
> erkundigen nach allem, was ihre Krankheit erfordert,
> sowohl an guten Ratschlägen als an Speisen und allen
> notwendigen Dingen, und es nach Möglichkeit des
> Ortes liebevoll und barmherzig besorgen.«

> Klara

Für Klara ist die Fürsorge eine Führungsaufgabe. Sie
macht damit deutlich, dass das Kümmern und Sorgen

»ganz oben« beginnen. Nennen wir es einfach Vorbild-
funktion. Keiner soll sich zu schade dafür sein, den Schwachen wirksam zu helfen.

Wir können in unserem Alltag häufig mit Worten wie
Barmherzigkeit und Mildtätigkeit nichts mehr anfangen,
weil wir in einem starken Sozialstaat mit allerlei sozialen Einrichtungen und Dienstleistern leben. Da können
wir wunderbar sagen: »Es wird sich ja gekümmert.« Aber
kann man Liebe delegieren?

Selbstverantwortung

> »Mit der Sorge für die Kranken oder Genesenden
> oder die irgendwie Schwächlichen, auch wenn sie
> kein Fieber haben, soll ein Mitbruder betraut werden.
> Er soll aus der Küche verlangen, was nach
> seinem Ermessen jeder nötig hat.«

Augustinus

Augustinus war kein religiöser Fanatiker, der sich stur
an Gebote und Regeln hielt. Er war ein lebenspraktischer
Mensch, der sein Ideal immer im Verhältnis zur Machbar-
keit stellte. Sich zu überfordern, führt genau dazu, dass
wir uns schwächen.

Jeder soll verantwortlich so verfahren, wie es seinem Geist
und seinem Körper entspricht. Oder im Falle einer Krankheit das bekommen, das er nach seinem »Ermessen« nötig
hat, wie Augustinus es sagt. Das heißt also, der Kranke

bestimmt selbst, was er benötigt, um wieder gesund zu werden.

Darin wirkt nicht nur eine Achtung für die Selbstverantwortung des Menschen, sondern auch eine Haltung, dass dieser Mensch seine Freiheit so nutzt, dass er der Gemeinschaft nicht schadet. Wer sich etwa eine Krankheit einredet und damit unnötige und teure Behandlungen auslöst, kommt hoffentlich zur Einsicht, dass ein Psychologe eher heilen könnte als ein Internist.

»Der eingebildete Kranke« von Molière

Dieses wohl bekannteste Theaterstück des französischen Dichters wurde vor mehr als 300 Jahren aufgeführt, aber es hat seine Wirkung bis auf den heutigen Tag nicht eingebüßt. Es geht genau darum, was Ärzte genau leisten können oder müssen. Während die Menschen sich über einen Hypochonder häufig lustig machen, weil er ständig zum Arzt rennt, erkennen die Ärzte nicht, dass gar keine Krankheit vorliegt. Das freilich ist manchen Ärzten auch egal, weil sie an jedem Patienten verdienen. Er ist ein Kunde.

Autor

Frank Wilmes hat als Wirtschaftsjournalist und Regierungskorrespondent gearbeitet, schreibt heute Sachbücher und Romane. Er kommt aus dem Münsterland und lebt seit Jahrzehnten in Düsseldorf.